高等院校应用型教材——经济管理系列

社 群 营 销

刘 侠 编著

清华大学出版社
北 京

内 容 简 介

市场营销是一门正在发展的前沿学科，也是探索企业如何满足市场需求、寻求经营之道与商业模式创新，以及适应现代市场经济需要的专业。社群营销是市场营销的一种特殊形式。本书讲述社群营销的基本理论和实用案例。全书共分为 6 章，主要内容包括社群的构成与价值、社群的生命周期、社群依托的平台、建群的步骤、如何借助社群做传播以及社群的未来畅想。

本书理论联系实际，内容由浅入深，例证丰富，涉及面广，可读性强，具有理论性和实践性，既适合作为高校市场营销相关专业的教材，也适合作为相关从业人员的参考读物。

本书封面贴有清华大学出版社防伪标签，无标签者不得销售。
版权所有，侵权必究。举报：010-62782989，beiqinquan@tup.tsinghua.edu.cn。

图书在版编目(CIP)数据

社群营销/刘侠编著. —北京：清华大学出版社，2024.5
高等院校应用型教材. 经济管理系列
ISBN 978-7-302-65984-6

Ⅰ. ①社… Ⅱ. ①刘… Ⅲ. ①网络营销—高等学校—教材 Ⅳ. ①F713.365.2

中国国家版本馆 CIP 数据核字(2024)第 068302 号

责任编辑：陈冬梅　桑任松
装帧设计：李　坤
责任校对：徐彩虹
责任印制：刘海龙

出版发行：清华大学出版社
　　　　网　　址：https://www.tup.com.cn, https://www.wqxuetang.com
　　　　地　　址：北京清华大学学研大厦 A 座　　邮　　编：100084
　　　　社 总 机：010-83470000　　邮　　购：010-62786544
　　　　投稿与读者服务：010-62776969, c-service@tup.tsinghua.edu.cn
　　　　质量反馈：010-62772015, zhiliang@tup.tsinghua.edu.cn
　　　　课件下载：https://www.tup.com.cn, 010-62791865

印 装 者：三河市君旺印务有限公司
经　　销：全国新华书店
开　　本：185mm×260mm　　印　张：12　　字　数：292 千字
版　　次：2024 年 5 月第 1 版　　印　次：2024 年 5 月第 1 次印刷
定　　价：38.00 元

产品编号：098049-01

前　言

市场营销是一门新兴发展的前沿学科，也是探索企业如何满足市场需求、寻求经营之道与商业模式创新，以及适应现代市场经济需要的专业。市场营销主要研究为自身及利益相关者的利益而创造、沟通、传播和传递客户价值，为顾客、客户、合作伙伴以及整个社会带来具有经济价值的活动、过程和体系。社群营销是市场营销的一种特殊形式，是一种更紧密的网络营销方式，它结合了网络社区营销和社会化媒体营销，通过连接和沟通来提升用户价值，更人性化，不仅受用户欢迎，还可能使用户成为继续传播者。本书的编写原则是围绕市场营销专业的目标，将理论与实际结合，突出实践能力培养；既要借鉴和汲取国内外市场营销经验，又要体现和反映社群营销的特色；既要夯实基础知识，又要反映国内外的新成果和经验，为培养具有创新性、实践能力强的市场营销人才服务。

本书共分为 6 章，分别就社群营销的基本理论和实用案例，例如社群的构成与价值、社群的生命周期、社群依托的平台、建群的步骤、如何借助社群做传播以及社群的未来畅想等社群营销问题进行了图文并茂的阐述，具体内容如下。

第 1 章主题为社群的构成与价值，分别说明什么是社群、构成社群的五要素、社区和社群、社群营销的优势，以及从粉丝经济到社群运营的方式。

第 2 章主题为社群的生命周期，介绍怎样让社群长寿、社群短命的七宗罪、社群活跃的结构模型以及社群的群人数。

第 3 章主题为社群依托的平台，主要介绍加入机制、信息呈现、管理工具、运营特征、更适合社群运营的平台，以及其他社群工具简介。

第 4 章主题为从无到有建社群，主要介绍建群五步骤、找同好、定结构、产输出、巧运营以及能复制。

第 5 章主题为借助社群做传播，主要介绍头狼战术、蚂蚁战术、攻城战术、悬赏战术、诱饵战术、定点战术，以及降维战术。

第 6 章主题为社群的未来畅想，主要介绍从"强关系"到"弱关系"、"内部活动"到"共同价值"；从粉丝到产品代言人、"内部自嗨"到"跨界连接"；从"口碑营销"到"用户主权"；社群不是 U 盘，而是一群人的路由器；社群不是趋势，而是现实。

本书理论联系实际，内容深入浅出，例证丰富，涉及面广，可读性强，具有学术性、理论性和实践性。

本书由山东财经大学刘侠老师编写。由于时间仓促以及作者水平有限，书中难免存在疏漏之处，欢迎广大读者和同仁提出宝贵意见。

编　者

目　　录

第1章　社群的构成与价值 1
1.1　什么是社群 2
1.1.1　社群的定义 2
1.1.2　社群的主要特征 3
1.1.3　社群的分类 5
1.1.4　社群的进阶 6
1.2　构成社群的五要素 7
1.2.1　同好 8
1.2.2　结构 8
1.2.3　输出 9
1.2.4　运营 9
1.2.5　复制 10
1.3　社区和社群是一个东西吗 10
1.3.1　社区概念 10
1.3.2　社区与社群 11
1.4　与粉丝经济相比，为什么社群营销更有优势 12
1.4.1　粉丝经济 12
1.4.2　粉丝经济的劣势 15
1.4.3　社群营销的优势 16
1.5　如何从粉丝经济到社群运营 19
1.5.1　粉丝经济与社群运营 19
1.5.2　社群粉丝重构互联网时代的价值 23
1.5.3　转变方式 25
本章小结 27
相关法律法规 28
思考题 28

第2章　社群的生命周期 29
2.1　怎样让社群长寿 30
2.1.1　社群生命周期 30
2.1.2　案例 34
2.2　社群短命的七宗罪 36
2.2.1　缺乏明确而长久的定位 37
2.2.2　缺乏有影响力或热心的群主或群管 37
2.2.3　群主个性过于强势 38
2.2.4　骚扰 39
2.2.5　群缺乏固定的活动形式 40
2.2.6　蒸发 40
2.2.7　陈旧 41
2.3　社群活跃的结构模型 42
2.3.1　群组角色 42
2.3.2　环形结构 43
2.3.3　金字塔结构 43
2.4　群越大越好吗 44
2.4.1　150定律 44
2.4.2　营销案例 50
本章小结 53
相关法律法规 53
思考题 54

第3章　社群依托的平台 55
3.1　加入机制 56
3.1.1　QQ平台 56
3.1.2　微信平台 60
3.1.3　微信与QQ加入机制对比 63
3.2　信息呈现 63
3.2.1　社群可视化 64
3.2.2　信息呈现 64
3.3　管理工具 66
3.4　运营特征 68
3.4.1　微信营销 69
3.4.2　QQ营销 70
3.4.3　微信群和QQ群的对比 70
3.4.4　微信和QQ社群定位 71
3.5　其他社群工具简介 75
3.5.1　YY 76

3.5.2　阿里旺旺 76
　　3.5.3　小红书 77
　　3.5.4　微博平台 79
　　3.5.5　知乎 80
本章小结 81
相关法律法规 81
思考题 82

第 4 章　从无到有建社群 83

4.1　建群五步骤 84
　　4.1.1　五大要素 84
　　4.1.2　目标用户是谁 85
　　4.1.3　能给用户提供什么 86
4.2　找同好 86
　　4.2.1　社群领袖 86
　　4.2.2　确定社群名称 87
　　4.2.3　建立这个社群是为了营销、
　　　　　成长还是传播 90
　　4.2.4　请好友撑场面或请高手 91
　　4.2.5　社群角色 92
4.3　定结构 93
4.4　社群输出 99
　　4.4.1　输出 99
　　4.4.2　内容输出方式 100
4.5　巧运营 101
　　4.5.1　激发活力 101
　　4.5.2　如何组织一场有效分享 107
4.6　能复制 113
　　4.6.1　到底适不适合去复制 114
　　4.6.2　以老带新，滚动发展 114
本章小结 115
相关法律法规 116
思考题 116

第 5 章　借助社群做传播 117

5.1　头狼战术 118
　　5.1.1　战术含义 118
　　5.1.2　华为狼性营销 120
5.2　蚂蚁战术 122
　　5.2.1　战术方法 122

　　5.2.2　保意全员营销方案 124
5.3　攻城战术 125
　　5.3.1　战术 125
　　5.3.2　营销案例 129
5.4　悬赏战术 130
　　5.4.1　战术说明 130
　　5.4.2　营销案例 137
5.5　诱饵战术 138
　　5.5.1　战术方法 139
　　5.5.2　战术案例 140
5.6　定点战术 142
　　5.6.1　战术方法 142
　　5.6.2　定点营销 144
5.7　降维战术 148
　　5.7.1　战术方法 148
　　5.7.2　战术案例 150
本章小结 153
相关法律法规 153
思考题 153

第 6 章　社群的未来畅想 155

6.1　从"强关系"到"弱关系" 156
　　6.1.1　变化过程 156
　　6.1.2　思维方式 157
6.2　从"内部活动"到"共同价值" 160
　　6.2.1　实现方式 160
　　6.2.2　社群共创价值的表现 161
6.3　从粉丝到产品代言人 162
　　6.3.1　对比 162
　　6.3.2　案例 163
6.4　从"内部自嗨"到"跨界连接" 164
　　6.4.1　微信营销 164
　　6.4.2　QQ 营销 168
6.5　从"口碑营销"到"用户主权" 169
　　6.5.1　用户主权 169
　　6.5.2　案例 170
6.6　社群不是 U 盘，而是一群人的
　　　路由器 171
　　6.6.1　U 盘式生存 171

		6.6.2 U 盘化生存 172
6.7	社群不是趋势，而是现实 173
	6.7.1 社群趋势 173
	6.7.2 构建方式 174
	6.7.3 社群未来 175
本章小结 179

相关法律法规 179
思考题 179

附录 A　思考题参考答案 180

参考文献 184

第 1 章

社群的构成与价值

社群首先要通过交互去打造一种文化,然后达到信息的对称化,打消信息的不对称。最后通过信息的对称,创造出信息的可视化。社群实现了人与人、人与物之间的连接,提升了营销和服务的深度,建立起高效的会员体系,增强了品牌影响力和用户归属感,为企业发展赋予新的驱动力。

1.1 什么是社群

在社会安定、经济繁荣、文化教育发展、生活水平提高的情况下，随着用户的基本需求得到更大程度的满足，用户对中层与上层需求的欲望增强。互联网社群的发展满足了用户对于人际交往的需求，同时也为用户搭建了信息内容获取和娱乐消遣的平台。社群，是有共同爱好、共同需求的人组成的群体，有内容有互动，由多种形式组成。

1.1.1 社群的定义

社群简单认为就是一个群体，但是社群有它自己的表现形式，如图 1.1 所示。比如我们可以看到社群要有社交关系链，不仅只是拉一个群，而是基于一个点、需求和爱好将大家聚合在一起，要有稳定的群体结构和较一致的群体意识；成员有一致的行为规范、持续的互动关系；成员间分工协作，具有一致行动的能力，这样的群就是社群。除此之外，沃斯利(Worsley)曾提出社群的广泛涵义：可被解释为地区性的社区；用来表示一个有相互关系的网络；社群可以是一种特殊的社会关系，包含社群精神(community spirit)或社群情感(community feeling)。

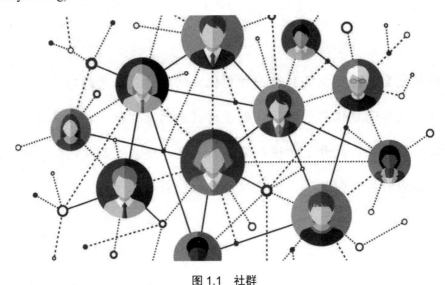

图 1.1 社群

社群营销是在网络社区营销及社会化媒体营销基础上发展起来的用户连接及交流更为紧密的网络营销方式。网络社群营销的方式，主要通过连接、沟通等方式实现用户价值，营销方式人性化，不仅受用户欢迎，还可能成为继续传播者。

1.1.2 社群的主要特征

有稳定的群体结构和较一致的群体意识；成员有一致的行为规范、持续的互动关系；成员间分工协作，具有一致行动的能力。社群类型依据社会学家不同的分类标准呈现出差异性，仅美国社会学家埃班克的《社会学概念》一书就列举了40种之多。社群就是基于一个点、需求和爱好把一群志同道合的人聚集在一起，目的就是为了实现共赢。

根据研究人员潜伏在不同社群中得到的发现来看，一个好的社群应当具备以下7个普遍特征：共同价值观、共同目标、行为规范、组织结构、内部链接、榜样力量、稳定产出。如果群体不具备这7个特征，那么它只是一个群，无法称之为社群。下面简要介绍这几个普遍特征。

(1) 共同价值观。"人以群分，物以类聚"，通常这群人都会有共同的价值观标签，例如，罗辑思维的"爱智求真"。共同价值观看起来很抽象，但是它能够统一社群成员意识，形成一些具象的内容，我们称之为亚文化，比如社群的标志、音乐、口号、手势等。

(2) 共同目标。社群有若干共同目标，包含有大目标和小目标。社群成员为完成共同目标相互帮助和协作。例如，"考研复习群"，让每一个群成员顺利通过考试是社群成员共同的目标。共同目标必须符合大多数社群成员意愿。在这个大目标之下，又有许多小目标，例如每个月完成特定内容的学习。

(3) 行为规范。能够清晰地告诉社群成员："要实现共同目标，需要做哪些事情"。例如，"不出局"社群，为达成七年以后去南极的共同目标，要求社群成员必须7日写一篇文章，通过"输出"倒逼"输入"的方式提升自己，每周社群成员进行作业的相互检查。行为规范越简单效果越好，如果要求太多、难度太高，会直接影响社群成员的积极性，还可能导致社群成员放弃目标。在社群运营过程中一定是"过程大于结果，鼓励大于批评"，要让每一个参与的人都觉得有收获、有信心坚持下去。

(4) 组织结构。一个社群会有不同层级，有社群的发起者或者管理者，有热心的贡献者，还有普通参与者。有些社群组织清晰，层级较为细分，像"不出局"社群，有践行者、组长、值月生、班长，在群之上还有校长等。不同层级，承担着不同的责任与权力，需要不断地引导社群底层的人们向上一级走，形成正向内部的循环，这种驱动可以让社群持续运转和达到复制性。

(5) 内部链接。社群中的每一个人都有平等发言权，通过社群中持续产生的互动和协作，让社群成员能够相互认识、相互信任，产生情感链接，通过多重方式的内部链接，让整个社群最终达到一个稳固的状态。

(6) 榜样力量。每个社群都需要有若干个榜样，我们称之为意见领袖或者灵魂人物。

像"罗辑思维"社群灵魂人物是罗振宇,由罗振宇主导社群理念和价值观的输出,而像去中心化的"007不出局"社群靠的是无数普通人,通过普通人来传递价值理念,这种榜样会比大咖更有说服力。榜样的影响力越大,这个社群的号召力也越大。

(7) 稳定输出。社群要有持续稳定的产出,产出形式可以是产品、音频节目、文章、品牌活动。稳定输出是社群存在的根本,同时通过稳定输出,能够让社群之外的人了解到社群,并且鼓励更多的人融入社群。产出过程中需要鼓励社群成员的共同参与,从一个人输出转变为一群人输出,从专业生产内容和盈利模式逐步转变成用户生产内容模式,并且能够让参与的社群成员体会到自身价值的提升。

案例1.1

拼多多的标志如图1.2所示。2015年4月创立的拼好货,开创了社交电商新模式。2016年9月,拼好货、拼多多宣布合并社群微营销,自此开启了一个全新的电商模式,那么拼多多是如何做好社群营销的呢?

基于电商的社群

其实拼多多是基于电商的社群,以单个个体为中心辐射其身边的其他电商;从单个意见领袖的力量来看,其实和我们看到的微商一样都是非常渺小的,但是由于这个模式放到了社交平台上,其病毒式的传播难度被无限降低了,基于熟人的拼团模式在一开始就是一群人围着一个商品在找"八卦话题"。

具有娱乐可玩性的电商

说是社交,更多的购物者刚刚开始接触,是因为这个东西有趣、新鲜。特别是对于女性来说,本身自己买了东西就要炫耀一下,这下好了,一起拼团,收到货还能交流心得:"这次质量真差,下次不买了""买的苹果坏了一半,无良商家""什么?20块钱8斤水蜜桃?坏一半也比商场便宜啊"。

基于社交的游戏

说是购物,其实拼多多更像在玩接龙游戏,这东西19.9,你跟着我买就是9.9还包邮,这样的购物方式只有在微信上才可以实现,这是一种基于一定社交基础下完成的购物。拼多多恰好抓住了这一波红利,甚至是在马化腾开始也不看好而放弃投资的情况下抓住机会,这才是值得大家学习的。

低价是传播的催化剂

不管哪种运营模式,其传播的基础是什么,就是价格。如果不是低价就算熟人也没有动力分享,因为分享会让人误会里面有猫腻,所以低价才是下单和分享的最大动力和催化剂。

无利不起早的社群营销

不管是省钱还是赚钱,和"利"相关的才是消费者踊跃分享的动力,也是社会发展的助推剂。"无利不起早"的社群营销思维,和好评返现那样的也是一种"利",只是这是短期的。那么如何创造长期的"利"则是被90%的运营所忽略的,所以关注长期的"利"的输出,才是我们最需要的。

基于个体信任的意见领袖

不管是拼多多还是微商,都是基于个人信用为基础的普通意见领袖。不管是卖货还是做拼团都是没有什么问题的社群微营销,只是这个量会非常小,这已经被验证了。其中微商已经变质成了以骗代理囤货当卖货,而拼多多则充分利用了个体的价值而且还不会伤到微信的根本,这也就是为什么微商被打压,而拼多多能够迅速崛起的一个重要原因了。

图 1.2　拼多多的标志

1.1.3　社群的分类

社群基本上可归为两类。一是群体本身分类。例如萨姆纳提出的内群体与外群体(也称我群与他群)、梅约提出的正式群体与非正式群体、米德提出的参照群体与成员群体等。二是对群体与群体之外的社会组织分类。例如库利等人按成员关系的性质,将其分为首属群体与次属群体;日本社会学会将其分为基础群体与功能群体;苏联社会学家安德烈耶娃将其分为大群体与小群体,等等。其他有影响的分类,例如索罗金提出的纵向群体与横向群体;帕克等提出的"地域的"与"非地域的"群体等。根据群体产生的历史过程,也有人将其分为血缘群体、地缘群体、业缘群体、趣缘群体和志缘群体。

第二次世界大战后,古尔维奇的集团论及帕森斯的观点(即 AG-IL 理论,要点是适应、目标达成、整合、潜在模式维持),作为集团论的两种方向,博得较高评价。教育社会学注重研究学校组织中群体及群体间的互动关系,例如教师群体、学生群体、师生互动等。

1.1.4 社群的进阶

社群的进阶分为四个阶段,如图 1.3 所示。

第一阶段为实体社群。在古代,社群都是以社团的方式存在,在现实中聚集活动。那时候交流都是面对面的,志同道合的人聚在一起畅谈人生、文化、理想抱负等。

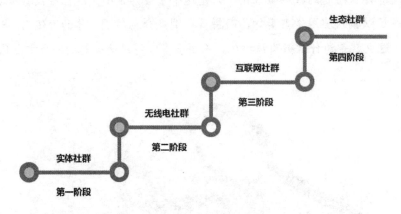

图 1.3　社群的进阶

中国春秋战国时期的墨家巧工社,墨家学派的门生聚集在一起探讨墨家学问,发扬和传播墨家文化,其中也会研究墨家机关术,例如连弩车、转射机、藉车就是墨家机关术的代表作。

在 20 世纪二三十年代的中国,不少知识分子会聚集成群,常常利用聚餐、茶会、座谈等形式组织沙龙,在沙龙中切磋学问、交流思想、增进感情。

第二阶段为无线电社群。20 世纪初,随着无线电技术的普及,人们沟通的方式发生了改变,开始出现以无线电方式进行聚会活动的社群。比如成立于 1908 年的美国业余无线电社群,由一群以无线电信号作为联络方式的爱好者组成。

这个社群寿命非常长久,至今还存在,现在大多数群成员都是以前的中老年人,也有一些年纪很小的人,应该是受了他们父辈的影响而爱上了这种社群。

这个社群在 20 世纪中叶,可谓是红极一时,只是后来随着互联网和卫星通信的发展逐渐被世人冷落。尽管如此,世界范围内的业余无线电活动却始终没有停止过,而且人们发现业余无线电通信在救灾和应对危机的情况下,起到了其他通信手段无法替代的作用。

现代社会的通信确实非常方便,但是它的依赖性却非常强,在某些特殊情况下,一旦失去了电力和网络的支持,这些通信就会瘫痪(注:一些场合中通信旧称通讯)。业余无线电通信是一种免费的自主的远距离通信,平时是一种爱好,而在出现天灾人祸的异常情况下又是一种自救和参与社会应急的手段。

第三阶段为互联网社群。到了 20 世纪 80 年代后，互联网开始发展起来，在线社群蜂拥群起，这时候交流方式开始发生翻天覆地的改变，拉近了人与人之间的距离，沟通无障碍限制，把地球变成了地球村。

国外早期的互联网社群有 MSN 社群、Amazon 社群等。

在 2005 年以前，微软将 MSN 作为即时通信软件，当时在中国是非常火的，压过腾讯 QQ，后来由于微软疏忽中国市场，轻视对手，再加上作为外国产品难以本土化，然后就渐渐落寞了。这时候 QQ 就逐渐开始展现强势的一面，渐渐地取代微软在中国的地位。

中国的互联网社群也有豆瓣社区、百度贴吧等早期社群。豆瓣是文艺青年的聚集地，关于诗歌、音乐、文学、电影的讨论，豆瓣可谓是最有权威的地方。现在大家想知道某部电影的优劣，简单直接的方法就是看豆瓣对它的评分有多少。不过豆瓣的道路并不怎么顺畅，移动端更是犯了不少错误，至今它还迷茫在移动互联网的汪洋大海里。

百度贴吧在早期是非常火爆的，百度贴吧在发布会上公布的数据显示"目前的百度贴吧拥有 10 亿注册用户，近 820 万个主题吧，且已经达到日均话题总量过亿，日均浏览量超过 27 亿次，月活跃用户数近 3 亿的量级。"尽管如今贴吧好像在走下坡路，但就凭这个庞大的用户群体，中国互联网第一大社群是它没错了。

到了 2010 年后，随着移动互联网的崛起，中国互联网以手机端 App 作为聚集方式的社群如雨后春笋般涌现。比如微信群、QQ 群以及数以万计的 App 社群。这时候 App 社群开始大放异彩，其中微信群、QQ 群就是人们聚集最多的地方，每个人的手机里总会有那么几个。

第四阶段为生态社群。纵观社群发展史，每当人们沟通形式发生改变时，都会聚集成社群。社群原来就有，现在也有，将来更会一直存在。

社群的发展一定是基于物联网、基于生态、基于利他的原则。随着社群的更新换代，搭载社群的工具势必也会与时俱进，智能化、VR 技术、VI 技术、极速数据流技术的应用和普及，人类将进入生态时代、物联网时代，社群也将会出现意识流社群、无人虚拟社群、智慧化交流社群、生态社群。

1.2　构成社群的五要素

一个好的社群应当包含 5 个要素，分别是同好、结构、输出、运营、复制。通过这 5 个要素，可以指导我们如何打造社群。

社群的 5 个要素如图 1.4 所示。

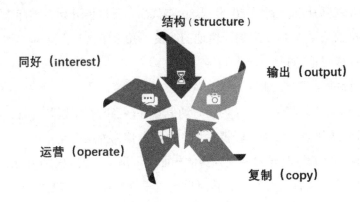

图 1.4 社群五要素

1.2.1 同好

社群构成的第一要素——同好(interest)，它是社群成立的前提。

社群里面的人要能借助这个同好解决自身的某一个痛点。例如找到极大的情感慰藉、极大的互动快乐、极大的现实利益，三者满足其一，社群才能持续。在做社群产品定位的过程中，"同好"越精准越好，如果范围太大，很容易导致人群定位不清晰。

所谓"同好"，是对某种事物的共同认可或行为。我们为了什么而聚到一起？最重要的是一起做什么。任何事物没有价值就没有存在的必要。

正如国内以自律为荣的最大女性社群"趁早"，在社群活动中所提到的那句话："为了找到同类，我们造了一个世界。"

这些同类，可以基于某一个产品而聚集到一起，例如苹果手机、华为手机、锤子手机、小米手机、三星手机；可以基于某一种行为而聚集到一起，例如爱旅游的驴友群、爱阅读的读书交流会；可以基于某一种标签而聚集到一起，例如星座、某明星的粉丝；可以基于某一种空间而聚集到一起，例如某生活小区的业主群；可以基于某一种情感而聚集到一起，例如老乡会、校友群、班级群；可以基于某一类"三观"而聚集到一起，例如"一个人走得快，一群人走得远"的 BetterMe 大本营。

1.2.2 结构

社群构成的第二要素——结构(structure)，它决定了社群的存活。

很多社群为什么走向沉寂？那是因为最初就没有对社群的结构进行有效规划。这个结构包括组成成员、交流平台、加入原则和管理规范。这四个结构元素若做得越好，社群就活得越长。

(1) 组成成员：发现、号召起那些有"同好"的人，抱团形成金字塔或者环形结构，最初的一批成员会对以后的社群产生巨大影响。

(2) 交流平台：要有一个聚集地作为日常交流的大本营，目前常见的有QQ、微信、YY等。

(3) 加入原则：社群有了元老成员，也建好了平台，慢慢会有更多的人慕名而来，此时就要设置一定的筛选机制作为门槛，一来保证社群质量，二来会让加入者由于加入不易而格外珍惜这个社群。

(4) 管理规范：社群人越来越多，就必须对其进行管理。所以，一要设立管理员，二要不断完善群规。

1.2.3 输出

社群构成的第三要素——输出(output)，它决定了社群的价值。持续输出有价值的东西是考验社群生命力的重要指标之一。

例如，"拆书帮"用拆书法输出高质量的读书笔记，形成了国内独具特色的读书社群；秋叶PPT社群以持续高质量的PPT作品，在新浪微博上时常引起大量转发，形成国内知名的职场教育品牌。

所有的社群在成立之初都有一定的活跃度，但若不能持续提供价值，社群的活跃度会慢慢下降，最后沦为广告群。没有足够价值的社群迟早会被解散，也有一些人会屏蔽群，再去加入一个新的群或选择创建一个新群。

为了防止以上情况的出现，优秀的社群一定要能给群员提供稳定的价值，例如坚持定期分享、定期接单等。

所以，"输出"还要衡量群员的输出成果，好的社群里所有的成员都有不同层次、不同领域的高质量输出，能够释放出更强大的能量。

1.2.4 运营

社群构成的第四要素是运营(operate)。通常建立一个社群之后会有三个月的生命周期，超过三个月不运营很容易就会逐渐没落。通过运营主要给会员建立"四感"。①仪式感：加入要申请或付费，在圈子内接受群规，行为有奖惩，确保社群规范。②参与感：通过有组织的讨论、分享，确保圈内有话说却不太发散，有事做，群员有收获。③组织感：为圈子成员配置身份，多层管理，或对某主题事物的分工、协作、执行等，保证社群的战斗力。④归属感：通过线上和线下的互助、活动等，保证社群凝聚力。

1.2.5 复制

社群构成的第五要素是复制(copy)，它决定了社群的规模，一个社群如果能够复制多个平行社群，就会形成巨大的规模。不过在真正做此举之前，请先回答三个问题。①是否已经构架好自组织？要考虑是否具备充足的人力、物力、财力，不能过于围绕中心，也不能完全缺乏组织。②是否已经建立了核心群？要有一定量的核心小伙伴，可以作为社群的种子用户，引导社群往良性方向发展。③是否已经形成亚文化？如果形成了一种群体沟通的亚文化，那么大家聊天的语气、表情是否风格一致？这都是社群生命力的核心。

1.3 社区和社群是一个东西吗

社区是共同居住在一个地方或一个环境里的人与物之间的链接，强调的是物理空间的链接。社群是在强调人，社群更能把人不分时间、空间地聚合在一起。社群里每个人都是一个中心，大家都可以利用碎片化的时间和资源做同一件事情。与社区相比，社群更突出群体交流，分工协作和相近兴趣，更强调群体和个体之间的交互关系。社群内部的成员有一致的行为规范，通过持续的互动，形成了较为强烈的社群感情和价值观。

1.3.1 社区概念

社区(community)又称社群、共同体或礼俗社会，是由19世纪德国社会学家滕尼斯提出，指与"社会"(gesellschaft，或曰法理社会)相对的通过血缘、邻里和朋友关系建立起来的人群组合。后来也指因为共享共同价值观或文化的人群，居住于同一区域，以及从而衍生的互动影响，而聚集在一起的社会单位。维基百科对社区的定义指的还是实际生活中的社区，即所谓小区的概念。而在我国多年的网络生活中，"社区"一词已经不止局限于实际生活中了，我们也称知乎、豆瓣等网站为社区。

1955年美国学者希莱里对已有的94个关于社区定义的表述作了比较研究。他发现，其中69个有关定义的表述都包括地域、共同的纽带，以及社会交往三方面的含义，并认为这三者是构成社区必不可少的共同要素。因此，人们至少可以从地理要素(区域)、经济要素(经济生活)、社会要素(社会交往)，以及社会心理要素(共同纽带中的认同意识和相同价值观念)的结合上来把握社区这一概念，即把社区视为生活在同一地理区域内、具有共同意识和共同利益的社会群体。

在构成社区的基本要素上，人们的认识还是基本一致的，人们普遍认为一个社区应该包括一定数量的人口、一定范围的地域、一定规模的设施、一定特征的文化、一定类型的组织。社区就是这样一个"聚居在一定地域范围内的人们所组成的社会生活共同体",如图 1.5 所示。

图 1.5　中国社区

网上社区也有一种定义。虚拟社区:又称电子社群或电脑社群,是互联网用户交互后,产生的一种社会群体,由各式各样的网络社群所构成。所以,无论指代的环境背景是现实生活还是虚拟世界,社区和社群都是同一个概念。只不过我们平时不说"虚拟社区"这么拗口的词,在口语中用"社区"一词代替,但是我们讨论的所谓"社区"一直都表示的是网络上的"虚拟社区"。

1.3.2　社区与社群

"社区"强调的是人与人在物理空间里的联系。"社群"强调的是人与人在虚拟空间里的关系。社群是一群有相互关系的人形成的网络,其中人和人要产生交叉的关系和深入的情感链接,才能被看作社群,如图 1.6 所示。

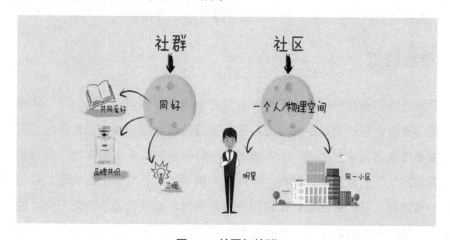

图 1.6　社区与社群

什么是关系链接？就是要打开社群成员之间的连接关系。连接度就是人与人之间的一种了解和交流。例如两个人是好朋友，相互之间肯定都有对方的电话号码、微信号、QQ 号、邮箱……当有了这些深入的了解，即使他们离开了一个群，连接也不会轻易消失。

人和人之间绝不能只是在群里产生社交关系，在社群之外也应该产生各种各样的连接。一个人之所以会感觉到和另外一个人有关系，是因为能隔空感到这个人的存在。今天看到他在 QQ 空间里留了个脚印，明天在朋友圈点赞看到他的头像，后天在哪个群里潜水时看他出来冒了个泡……虽然不一定直接交流，但经常出现在自己的生活圈和社交圈里。而有很多社群，只是设置了一个小编，每天发发红包，发点文章，连接度很低，这也不能称为真正的社群。

情感连接就是要增强群成员之间的情感度。要想在一个社群中创造出情感，就得让大家互相了解，互相关注对方的行为、喜好。从这个定义看，同样是线下会员俱乐部，有的俱乐部成员互相认识，经常互动就是一个社群。有的会员俱乐部只是享受一下积分福利，会员和会员之间没有任何连接，这就不是社群。

在一个社区，如果成员积极连接，经常组织活动，那么它也可以说是基于地理区位形成的社群。在网上有很多关系不错的网友，每天在群里一起聊天，互相影响，甚至组织一些线上、线下活动，即便是在家里不出门也不觉得孤单，这也是社群。

1.4 与粉丝经济相比，为什么社群营销更有优势

"粉丝经济以情绪资本为核心，以粉丝社区为营销手段增值情绪资本。粉丝经济以消费者为主角，由消费者主导营销手段，从消费者的情感出发，企业借力使力，达到为品牌与偶像增值情绪资本的目的。社群经济的结构是多点之间的相互连接，强调的是凝聚力，缺失一个，并不能瓦解整个结构，这是一种可以自行运转的生态。

1.4.1 粉丝经济

粉丝经济泛指架构在粉丝和被关注者关系之上的经营性创收行为，是一种通过提升用户黏性并以口碑营销形式获取经济利益与社会效益的商业运作模式。以前，被关注者多为明星、偶像和行业名人等。比如，在音乐产业中的粉丝购买歌星的专辑、演唱会门票，以及明星所喜欢或代言的商品等。现在，互联网突破了时间、空间上的束缚，粉丝经济被宽泛地应用于文化娱乐、销售商品、提供服务等多领域。商家借助一定的平台，通过某个兴趣点聚集朋友圈、粉丝圈，给粉丝用户提供多样化、个性化的商品和服务，最终转化成消

费，实现盈利，如图 1.7 所示。

图 1.7　粉丝营销示意图

粉丝文化和粉丝经济从 20 世纪 90 年代出现并发展至今，不仅没有衰退，反而逐渐呈现产业化和规模化的趋势。涵盖范围包括购买门票、明星相关产品，以及赞助、广告等诸多方面。粉丝经济中的粉丝如今也不单指某些明星的粉丝，品牌粉丝或者网红粉丝的平均购买力也不容小觑。

粉丝的直接经济价值，主要表现为粉丝的购买力。在大多时候，粉丝会完全凭借喜爱而消费，这是一种明显的情感经济行为。享利·詹金斯(Henry Jenkins)在《融合文化》(Convergence Culture)一书中将情感经济定义为"它试图将消费者决策的情感基础理解为观看和购买决定的推动力"。

粉丝群体的行为不仅仅以单纯购买力产生影响，还对偏好商品的构建有着举足轻重的作用，从而粉丝可以产生间接经济价值。间接经济价值是远比直接经济价值更重要的存在。

对于产品来说，如果仅仅只是粉丝的购买，需求占比少，那么产品就急需向外推广，以期获得普通消费者的认可。粉丝群体可以通过口碑传播等多种操作方式来营造有利于产品的"意象气候"。根据黄金分割原理，当某种观点占据整个娱乐空间的 61.8%时，这种观点就会形成舆论，进而被大众接受。建立产品良好的形象不仅是增强粉丝黏性的"武器"，更是能吸引新粉丝、获得其他消费者关注的最佳手段。塑造一个正面良好的形象，无疑会让产品价值更上一层楼。

对于产品而言，粉丝不是普通的消费者，其购买过程不同于普通消费者的购买过程。普通消费者的购买过程一般可分为 5 个阶段：确认需要、寻求信息、比较评价、决定购买、购后评价。粉丝基于对所崇拜者的情感，让渡部分思考主动权、选择决定权，跳过购买的前三个阶段，只执行购买与评价过程。这大大降低了产品营销过程中的时间，提高了商品转化为货币的成功率，完成了"商品惊险的跳跃"。

粉丝往往是产品的最先购买者,他们会将用户体验及时地发布于各个社交网络平台,这些对于商品的反馈使得商家可以及时了解产品的使用情况,以及当前市场需求情况,从而对产品进行调整,提高商品的适销性。

案例 1.2

李子柒 2020 年 4 月 29 日在海外视频网站粉丝宣告破千万,成为首个在该平台粉丝破千万的中文创作者,这一成绩赢得不少网友点赞。也正是这种口碑和流量双赢的案例,让我们看到培养理性的文化消费而非疯狂的追星举动,或许更利于粉丝经济的持续发展。

在网红明星营销运作高度团队化、市场化的今天,李子柒作为"粉丝经济"红利的内容生产端,其"去个人化"的思路,反而成就了视频的"个性化"的案例,对于避免个人崇拜引发的畸形粉丝文化,或许有一定参考价值。

具体来说,"去个人化"并非抽离最能够引起粉丝共鸣的情感、故事和文化内涵,而是摆脱颜值、人设等偶像惯用"吸粉"要素的深度捆绑,让粉丝聚焦于内容本身。而这与文艺创作者"用作品说话"的核心价值殊途同归。相比于"初代"网红,容貌姣好的李子柒没有主攻服饰、美妆等"传统"网红领域。她和她的团队独辟蹊径,用镜头记录她归园田居的劳作过程。比起现实耕种烹饪,视频固然有美化和包装的痕迹,但相比于李子柒穿的是什么衣服、梳的是什么发型、个人有什么情感八卦,人们更愿意关注其所打造的田园牧歌场景,被中国传统文化元素吸引和感动。

相比之下,一些依靠时尚造型包装、精心打造人设的偶像明星,在造星公司的套路化营销中,只能以浅表的形象、人设迅速建立粉丝圈层,走上广告代言、参演流水线综艺等种种粗暴变现路径。哪怕也拥有不俗实力,然而过度营销个人魅力,带来的粉丝文化注定是非理性甚至疯狂的。即便艺人本身没有艺德、艺能瑕疵,也难免受到粉丝非理性追捧的"反噬",以至于被人设所困扰,在私生活的过度曝光下"如履薄冰""噤若寒蝉"。

让粉丝经济回归理性文化消费,即便从个人品牌的变现来说,也是更为长远的方式。早在 2019 年"双十一",李子柒的天猫店铺也曾逼近"亿元神话",创造 9000 万元的销售额。对比其他品牌螺蛳粉、藕粉等商品,价格基本持平,也就意味着"名人光环"和"品牌溢价" 成分没有过于夸张。尽管也有过产品品质不及预期的争议,但粉丝经济冲动消费的热情,会在较为健全的市场调节反馈中回归理性,从而倒逼品牌作出调整。

反观娱乐界,在造星公司的运作下,越来越多的影视音乐创作,早已跳脱传统的文艺创作消费范畴,而是连明星同代言产品,强调商品属性。粉丝动辄几十甚至几百份购买的消费行为,甚至出现"喜爱必须购买"的"消费绑架",引发非议。殊不知,一旦文化消费挂钩的不再是其艺术创作作品,而是艺人本身,就会让市场调节作用失衡。而作为"商品"的偶像们,其"商业价值"被包装成"光荣与理想",成为时刻悬在粉丝头上的达摩克利斯之剑。

上一代玉女歌手孟庭苇曾说，"我希望人们记住我的歌声，忘记孟庭苇的名字"。到了李子柒这一代，我们希望听到的或许是，希望人们记住李子柒这个名字代表的一种生活方式、一种文化态度，哪怕是几道美食勾起的童年记忆，而不必记得那个网红究竟是谁。

1.4.2 粉丝经济的劣势

从消费者来看。过度消费导致消费观的扭曲。粉丝经济发展势头过猛，易造成粉丝群体的过度消费。尤其是未满 18 岁的未成年人，他们正处于需要塑造良好的消费观的时期，且分辨事物好坏的能力不强，易受明星效应的影响，消费成瘾的现象频发，虽其消费是带动经济发展的一部分，但实在难以提倡。甚至有新闻报道，某中学生偷了家里十几万元，只为给喜欢的网络主播送礼。

电视剧、电影、真人秀等盈利更关注的是票房、点击率、收视率等。为了迎合粉丝们的喜好而获取盈利，商家往往会邀请颜值高，话题性强的明星来参演节目，而忽略了其内在的能力与演技。很多明星被包装过度而走上一线，但其演技却受到大家的抨击，没有实力却拿着巨额的报酬。同时为了获取高额的收益，商家和企业花重金请来重量级明星，却忽略了其作品本身的内涵，以至于经费全部用来邀请明星，预算却不足以将作品的细节好好雕琢，从而造成了大量的低俗、无趣的内容充斥着大屏幕，对文化产业的发展起不到实质性的推动作用。

从明星来看，是对现状的满足与自我陶醉。大批的粉丝为其投票，呐喊助威，明星偶像会产生一种自己很"火"的错觉。由于粉丝的认可和支持，会让明星忘记居安思危，而一味地满足于现状，开始膨胀，只在镜头前作出粉丝喜欢的样子，而忽略了对自身内在修养的提升。这样的偶像明星，会误导粉丝的人生观和价值观。

案例 1.3

随着移动互联、社交媒体、消费主义的兴起，娱乐业和选秀节目的大发展，流量思维开始大行其道，"饭圈"乱象愈演愈烈(见图 1.8)，直接改变了游戏规则，粉丝经济在非理性的道路上越走越远，正在误入歧途。这不仅违背了经济理性，还干扰了社会公共秩序。

应援、打榜已成为一名合格粉丝的"基本修养"，购买偶像代言产品、支持偶像作品更是不遗余力。更有粉丝集资花重金买报纸版面、城市户外大屏广告位为明星庆生，国内不过瘾还要去世界各地"刷脸"。更疯狂的还有为偶像送星星，美其名曰：爱的供养。总之，只有明星想不到，没有粉丝做不到。

一些资本操控下的平台更是"因势利导"，设计出复杂花哨的明星榜单，引导粉丝来打榜、集资，先收割一波。紧接着是，粉丝作出榜单排名、热搜热度后，资本为明星对接相应的资源和品牌，通过节目、产品等，再收割一波。当明星可以流水线式生产，这条产业链就可以反复"循环"玩下去，还能变换花样、多次收割。

图1.8 "饭圈"乱象

明星、资本和平台各取所需，各有所获，明星名气大了，资本市场估值高了，平台流量提升了，一个个赚得盆满钵满，唯独粉丝成了"冤大头"。这种流量至上的玩法获利高、见效快，但实际上只是资本在搞流量的"大水漫灌"，催生的只是泡沫，制造的是虚假繁荣。而且，当同质化明星的流量被瓜分完毕，无法通过异质化内容和作品带来粉丝增量时，粉丝间的"内卷"现象就必然产生，匪夷所思的"倒牛奶"式乱象就难以避免。

这种"流量漫灌"效应的后果，就是从一个打榜到下一个打榜，不断上演"庞氏骗局"，用大量的造假流量把故事讲下去，不仅无法创造真正的商业和社会价值，还终将毁灭自我价值。这些年来，粉丝文化中无底线追星、过度消费、为了流量拉踩引战，甚至"人肉"、网暴等恶性行为接二连三，给社会尤其是青少年价值观的养成带来极为消极的影响。

当一种经济现象暴露出盲目性，出现"市场失灵"时，就有必要进行及时合理的纠偏。这个过程中，需要清晰梳理产业链中"粉丝—平台—资本—明星"等各环节，对粉丝经济中出现的一些灰色地带进行"精准滴灌"式监管。例如，取消诱导应援打榜功能，完善黑产打击机制，强化账号管理，压实平台主体责任等等。从长远来看，唯有明星"供给侧"的质量改善，粉丝"消费端"的品位升级，让整个产业高质量发展才是正确之路。

1.4.3 社群营销的优势

与传统的营销方式相比，社群营销成本更低，传统的营销方式广告费用高昂，而且广告针对的客户群体还不聚焦，广告费浪费严重。而社群营销可以说是零成本，几乎人人都可以做。而且在社群中，每一个群员既是购买者，也是传播者。只要企业的产品过硬，运营得当，社群裂变所产生的营销效果就巨大。

社群营销的用户精准。社群营销是基于圈子、人脉而产生的营销模式。社群是指有稳定的群体结构和较一致的群体意识；成员有一致的行为规范、持续的互动关系；成员间分工协作，具有一致行动的能力而聚集在一起的一个圈子。也就是说，你的社群里面聚集的都是有着共同需求的用户，也就是微商行业经常所说的精准粉丝。

在当今社会，人们的消费是分圈层的，相同圈层的人是可以玩到一起的，他们可以买相同品牌、价位的产品。但是不同圈层的人就很难玩到一起了，大家在购买产品时不再是基于功能性的消费，而是在某个场景下的消费。社群营销中的产品是为特定人群设计和生产的，群员们有共同的兴趣爱好、行动目的，甚至是思维方式都高度一致。

可以通过社交工具高效率地传播消费信息。著名的六度空间理论认为，你和任何一个陌生人之间所间隔的人不会超过六个。也就是说，最多通过五个中间人你就能够认识一个陌生人。而在互联网时代，六度空间理论实现的可能性变得更大了。社群的本质是链接，由手机端和电脑端构建的新媒体环境彻底突破了空间和时间的限制，将人与人联系在了一起，而且这种联系通常是一种基于熟人的联系。出于对熟人的相对了解，在咨询信息购买产品等方面也更为信任。如果能获得一个用户的信任，那么熟人传播的力量往往会超乎你的想象。

通过社群可以更好地将用户粉丝沉淀下来。传统的生意模式是产品卖出去以后，卖家和买家之间就没有任何关系了，除非买家想退货，或者有质量问题，买家才会再次找到卖家。但采用社群营销，把用过产品的人的联系方式都沉淀到微信群里或其他的社交工具中，当卖家有新的产品推出后，这些客户就都有可能购买。

社群经济发展是这几类经济发展的商业综合体，集中了他们全部的优势！根据社群跟客户中间的连接，又便捷又迅速，大幅度降低了跟客户的中间沟通交流的成本费用，提升了营销推广的效率！而且可以提升客户留存率。这都是全部商业服务所要求的实际效果。随后根据不断持续的输出使用价值，打造个人IP和公司知名品牌。根据输出使用价值，让客户对你造成信赖，从一般的客户升级变成粉丝，最终的交易量也就是顺理成章的事。只能秉持100%的利他，100%地输出使用价值的社群，才可以取得成功。

对社群的界定是：找到总体目标客户的要求点，根据手机微信等互联网技术专用工具，把用户吸引住，构建一个社交圈，随后输出使用价值，得到认可，使其成为客户，从而造成精准引流。

例如：消费者社群——人们给老消费者福利，使消费者对社群产生黏性。爱好社群——车友、读书社群、骑车社群、手机游戏社群、健身运动社群等。信息内容社群——有使用价值的信息内容、制造行业供应信息、当地店家商场打折、房屋信息、招聘职位等。专业知识社群——让目标消费群体学到有使用价值的内容。自主创业社群——对于想挣钱的人创建的社群。制造行业社群——根据细分制造行业创建的社群。

案例 1.4

知味葡萄酒(以下简称"知味")是一家专注于为葡萄酒爱好者提供轻松的葡萄酒文化、专业的品酒知识、实用的买酒建议和精彩的品鉴体验的创业公司。

自创业以来，知味的推广与内容始终以社群为核心。通过知味专业、垂直的葡萄酒媒体内容和线下的葡萄酒教育体系，知味已然成为国内最火的葡萄酒媒体，有超过50万规模的葡萄酒爱好者聚集到了知味葡萄酒文化社群里。

社群已经建立，运营应该怎么做呢？知味并不希望像传统的方式那样，单纯地搜集所有会员的联系方式做成通讯录，或者是在社群内部群发广告。知味认为，社群营销是依赖个人偏好及消费行为特征所构建的社群，在增值服务这方面，应适度规避"商业激励"而采用"情感维系"来升华客户、厂家和品牌的关系。

知味能够通过用户数据采集功能内容标签的方式收集所有社群用户与知味的交互行为与内容偏好。

用户不管是看了一篇特定内容的微信图文、参加一场特定主题的品酒活动，还是购买了知味所推荐的葡萄酒或周边产品，知味都能记录下来。

通过足够长时间的数据搜集，知味通过结构化获取的用户信息对他们进行分类，并通过不同主题的话题社群将用户组织到一起。

比如阅读过较多次数关于意大利葡萄酒文章的用户，或者参加过知味组织的意大利葡萄酒品鉴会的用户，都会被邀请加入"知味意粉"小组。这样的情况下，葡萄酒爱好者用户会陆续被不同主题的社群以网状的形式吸纳到至少一个社群小组中。

这样一来，精准的分组使得社群活跃度非常高，并且为精准定向地向用户发送他们感兴趣的内容信息和产品营销内容而提供了有效通路。

同时，基于对庞大的粉丝数据系统进行挖掘，知味可以据此为其粉丝发送完全个性化的促销信息。

例如，知味可以设定自动流程规则，让系统自动向在过往的一个月内参加过入门级葡萄酒培训课程的客户发送中级葡萄酒培训课程的培训信息。这种个性化、差异化的优惠大大地提高了粉丝购买的可能性，也降低了信息推送的成本，如图1.9所示。

知味还使用了平台活跃度打分的功能，交互频繁的用户活跃度分数会上升。对于不够活跃的用户，定向推送一些"召回"目的的内容以降低用户流失。3个月后，知味公众号的粉丝活跃度上升了55%。

通过使用多样的营销功能与分析工具，知味做到了全方位精准化的社群营销。

客户与知味社群平台的黏性非常高，长期形成的情感维系要远比"满500积分抵5元消费"这样的商业折扣受用得多。

图 1.9 知味葡萄酒公众号

1.5 如何从粉丝经济到社群运营

建立一个社群，通常应该加强联系、维护核心粉丝群。而对于一个没有多大能量的运营者而言，则主要应该思考如何建立一个核心粉丝群。所谓核心粉丝群是对运营的品牌或个人有深度认同的用户群，大家彼此可以坦诚沟通。

1.5.1 粉丝经济与社群运营

首先粉丝经济是建立在用户对品牌的信任的基础之上，由品牌决策，用户为品牌买单。其次社群经济是由一定数量的用户组成一种共同体——社群，依据社群规则，通过社群的商业活动，为社群内的用户牟利。粉丝经济的盈利能力较强，而建立信任的能力较弱，个人与组织依存度很低。社群经济的盈利能力较弱，而建立信任的能力较强，个人与组织依存度很高。

社群经济时代有 6 个商业趋势，分别是基于粉丝的社群经营、用户"智造"产品的时代、人人可参与的众筹商业、触发用户的情景营销、实时响应的客户服务和打破边界的用户协同。

趋势 1：基于粉丝的社群经营

社群经营的基础是粉丝，粉丝是对品牌充满感情的铁杆用户，粉丝的消费行为也是基于对品牌的感情，如图 1.10 所示。苹果的商业模式就是在粉丝基础上经营的粉丝经济；传奇的小米科技也是基于粉丝对品牌的情感认同而建立的品牌；罗永浩的锤子手机，其目标用户是老罗的粉丝群体。对老罗来说，粉丝认同他这个人，就会同样认可他的产品，因此至少"罗粉"会买锤子的账。社群经济就是这样的模式，先通过社群定位好目标用户，再通过对用户需求的研究生产相应的产品，最大限度地保证产品属性与用户需求相统一，而不是按照产品去定义用户。

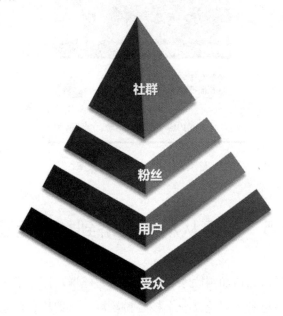

图 1.10　基于粉丝的社群经营

趋势 2：用户"智造"产品的时代

从前，制造行业强调的是制造，整个过程由企业完全掌控。现在，消费者希望企业从产品研发开始就按照自己的需求来做，从一开始就参与制造。很多企业已经开始这样做了，让用户参与产品制造的全过程。在研发过程中加入用户的创意，利用用户的吐槽改善产品的结构，邀请用户参与提供需求，解决消费需求，如图 1.11 所示。

2011 年 5 月，大众推出了"大众自造"网络互动平台。该平台以"汽车及设计"为主题，为公众提供汽车设计、虚拟造车、互动交流等多种沟通渠道。到 2013 年 5 月，该平台已经吸引了 1400 万用户的访问，产生了 25 万个造车创意，其中之一如图 1.12 所示。通过这个平台，大众得到了很多用户关于车的需求。

图 1.11 以用户为导向

图 1.12 "大众自造"变形车之"动感桑巴"

趋势 3：人人可参与的众筹商业

众筹模式是通过互联网众筹平台，将创业者和投资人直接联系在一起的商业模式。创业者将自己的创业项目在众筹平台上详细展示出来，分散的潜在投资人可以在这个平台上浏览各个创业项目，发现感兴趣的就可以投资，而且由于对投资团队的规模没有要求，因而投资者的门槛很低。这种模式中间环节少，双方可选择范围大而且操作简单，因而成功率和效率都比传统模式高得多。

2014 年 3 月，阿里巴巴推出增值服务平台"娱乐宝"，网民出资 100 元即可投资热门影视剧作品，并有机会享受剧组探班、明星见面会等权益。娱乐宝所融资金最终投向阿里旗下的文化产业。这是一个众筹模式的基金产品，人人可参与，成为创新文化产品的投资者。

趋势4：触发用户的情景营销

营销要刺激消费者产生购买欲望，通常需要匹配相应的情景，否则消费者不能触景生情，或者触情而动，那么这种营销行为就是失败的，变成粗暴的广告推送，跟电线杆上的小广告一个效果。由于技术所限，从前的营销只能通过电视广告、终端活动来进行，近年来随着互联网技术的发展和移动终端的普及，移动互联网可以和任意的广告屏幕、终端相链接，使消费者可以随时随地捕获营销情景。

生活中，我们可以从手机端的应用快速获得周围店铺的促销信息或者优惠券，而且随处可见的广告通常附带二维码，我们只要用手机扫一下就能立刻链接到消费平台，如图1.13所示。比如在手机上看到周边商场打折，我们午休时间可以去进行一次短暂的购物，或者在商场手机端直接购买，然后坐在家里等待送货上门。每次营销场景的制造，都能带来新的品牌传播机会。

图1.13　店铺促销信息

趋势5：实时响应的客户服务

在以人为本的互联网商业时代，企业对于用户的回应效率也会深刻影响用户体验，而用户体验的不好将会给企业造成致命的打击。因此，尽管移动互联网的发展使消费者的需求实时爆发，每家企业都会立刻响应。同时，企业的服务形态也随之进化。

2013 年 3 月,招商银行在微信推出客户服务,用户只要在客户端完成信用卡绑定,就可以通过微客服进行查询额度、查询账单、还款等业务。四个月后,微信服务平台升级为微信银行,服务范围进一步拓展,成为集借记卡、信用卡业务为一体的综合客户服务平台,给用户带来了全新的体验。在这个平台,用户的需求随时都可以得到满足。

趋势 6:打破边界的用户协同

现如今,几乎所有的企业都拥有自己的大数据体系,然而,不同平台、不同层面之间的数据各自独立,对大数据的应用造成了很大的障碍,数据之间的协调问题已横亘在各企业眼前。用户数据与后台数据、线上数据与线下数据、社交媒体数据与线下零售数据、会员卡数据与微信粉丝数据等等,它们之间都需要全面协同,才能真正体现出大数据应有的价值,如图 1.14 所示。

图 1.14　数据协调示意图

打破各组织和机构之间的壁垒,才能带来全面的用户协同,然而对于很多企业来说,此举又对企业文化造成了极大的挑战。如何进行这一步,只能看企业各自的表现。

1.5.2　社群粉丝重构互联网时代的价值

在《时代》(*Time*)2010 年公布的"全球最具影响力人物"候选人名单中,人气作家韩寒的名字赫然在列,虽然这个结果遭到了很多质疑,但是不可否认的是,韩寒的粉丝确实将韩寒推向了"神坛"。

这样的事件还有很多,充分展示了粉丝群体的影响力。随着互联网络的发展,人们越来越注重自我,越来越需要被尊重、认同,需要发言和掌控的权利。这种背景下,新兴的社群关系显得那么地生气勃勃。

这些群体的核心只有一个,那就是共同的喜好。相比于传统社会秩序建立的组织关系,这种以个人情感为基础而结成的关系更加丰满,充满了人情味儿,一定程度上也能体现众多粉丝的个人价值。

对于这样的关系,很多人嗤之以鼻,但是这个社会从来也不缺乏洞明先机的智者,商业圈很快就发现了这种关系背后隐藏的巨大机会。从案例热播剧来看,美剧《迷失》(Lost)拥有庞大的粉丝群,甚至当播出时间与奥巴马演说撞车时,总统都让路了。《迷失》热播期间(其海报如图1.15所示),剧集中出现了一本名为《糟糕的孪生兄弟》(Bad Twin)的书,之后这本书很快就受到了热情粉丝的抢购,短短一个月内跻身最畅销的书籍榜单。

图 1.15 《迷失》海报

这样明显的植入广告就是对这种新型关系的初级运用,尽管简单,却也收获了超出预期的效果。由此可见,要想引导品牌的未来,就要为品牌去创造这种关系,再由这种关系进而架构出粉丝群体。

共同的喜好,将不同背景的人们聚集到了一起,他们一起分享信息,讨论话题,发起活动。这样的组织关系突破了权力、利益、阶层、地域等社会元素,构成了感情饱满的社会群体。在这种群体中,人与人之间因为共同的爱好惺惺相惜,协同合作,友爱共存,通过鲜活生动的社区进行沟通与组织活动,形成强大的力量。

随着社会的发展,商业模式更加成熟,组织模式也日趋强大,按照六度分割理论,最多通过六个熟人,一个人就能够认识任何一个陌生人,这样每个个体的社交圈都不断扩大,

第 1 章　社群的构成与价值

最后成为一个大型网络。在这种思路下，以构建新型社会关系为基础的社交网站拔地而起，迅速成为炙手可热的平台，也为商业圈提供了与消费者互动的新渠道。

早在 1964 年，著名的原创媒介理论家马歇尔·麦克卢汉(Marshall Mcluhan)就在他的著作《理解媒介》（*Understanding Media*）中大胆预言，人类社会的发展经历了一个部落化——非部落化——重新部落化的过程，最终整个世界变成一个新的"地球村"如图 1.16 所示。按照他的理论，交通工具的发达曾经使地球上的原有村落都市化，人与人的交往由直接的、口语化的交往变成了非直接的、文字化的交往，而电子媒介的发展又将都市重新村落化，使交往方式重新回到个人对个人的交往。而今，他所预言的地球村已经变成了现实。粉丝社群正是新产生的部落，而品牌将成为部落化过程的重要平台。未来，传统营销体系逐渐弱化，新的社会关系群体随之建立，将品牌关联到部落中则成为企业的必然选择。

图 1.16　地球村

1.5.3　转变方式

在粉丝经济中，独立的个体凭借互联网新媒体的力量成为营销和推广的重要力量，这也是对传统媒体力量的一种颠覆。过去只有传统媒体才可以制作出来的电台以及电视节目，现在独立的个体就能制作出来，并且也受到了听众和观众的广泛欢迎。盈利主要是靠相关的产品和广告。因此，互联网时代的粉丝经济是在个人影响力的基础上建立起来的，单纯的粉丝变成了消费者，从而产生经济效应。

1. 粉丝经济初探

"社群"这个概念其实早就已经存在，过去在血缘和地缘的基础上形成的村落就是一个典型的社群。而有关社群经济的含义则源于"罗辑思维"，罗振宇是社群经济的最早实践者，相信大家对他在四个月内两次招募付费会员并获得近千万元入会费的事迹仍记忆犹新。他的成功让人们不得不对社群商业的力量刮目相看，一时间"社群经济"成为街头巷尾人们热议的话题。而老罗对社群经济也提出自己的独到见解，他认为互联网社群是将来商业发展的主要动力，社群经济的核心就是去中心化。基于对老罗的信任和推崇，有人对这一观点深信不疑，但也有人对此有些困惑，什么才是去中心化。老罗本人不就是一个中心吗？

实际上，去中心化可以定义为弱化中心。如果要完全去掉中心的话就等于大楼失去了根基，社群也就难以建立起来。弱化中心就是在由粉丝群向社群转变的过程中出现很多小的中心，从而帮助社群建立并发挥经济效应。

2. 关注年轻群体

未来不仅是 80 后、90 后，更是新一代 00 后引领潮流的时代，因此企业应该对这一群新时代的受众主体作深入地了解，重点关注年轻的潮流趋势，重视生产更加个性化的产品，提升年轻受众群体的参与度。有必要的话可以在组织架构中增加一个首席文化官的职位，其主要责任是统领企业的文化，紧跟时代的前沿思想，随时为企业注入新鲜的血液。

常常有人将粉丝经济和社群经济混为一谈，但事实上两者有明显的区别。每一个品牌都需要有自己的粉丝，但是如果仅停留在粉丝这个层面，那么忠实的用户也不过是粉丝而已。只有将用户变成粉丝，粉丝成为朋友的时候才形成了真正意义上的社群。社群是一种相互交叉的关系，功能是为了服务用户，而粉丝经济则是有一个中心，所有人围绕中心产生的经济效应。社群经济在发展到一定阶段之后能够自我运作，但是粉丝经济却不行。

不管在哪一个时代，社群都是企业想要实现的一个终极目标，一个没有社群的品牌在一个有社群的品牌面前是没有任何竞争力的。但是对于品牌而言，要建立社群经济并不容易，事实上 BBS 和 SNS 就是一种社群经济，但除少部分还在运作外，大部分的 BBS 和 SNS 都已经穷途末路了。

例如，早期社群做得比较好的是豆瓣，如图 1.17 所示，豆瓣从一诞生就好像携带有粉丝经济的基因。创始人杨勃在豆瓣中享有极高的声誉，后来杨勃主动退居幕后，以至于很多 2010 年后注册的豆瓣用户对杨勃毫无认知。虽然豆瓣做社群做得比较好，但是离所谓的社群经济还有点远，充其量就是一些数量比较可观的小组而已。豆瓣在商业领域发展得并不轻松，随着各大企业转战移动端市场，豆瓣不甘心眼巴巴看着人家"吃肉"，于是在未搞清自己在移动端发展的优势之下就莽撞地跨进了移动端的门槛，结果在移动互联网构建的迷宫里失去了方向。

图1.17　豆瓣示意图

除了豆瓣之外，近年来又兴起了一个比较大的社群——知乎，虽然知乎已经开始了融资，但是要说知乎做的就是社群经济还有点为时过早。百度贴吧也是一个比较传统的社群，作为社群里的老大哥，百度贴吧的实力是有目共睹的，它既是社群，又有人人艳羡的较大数量的群。最近百度贴吧宣称要做企业官方平台，推进百度贴吧的商业化发展。百度贴吧是目前国内最大的社群，迄今为止已经拥有了10亿的注册用户，有接近820万个主题吧，日均浏览量已经超过了27亿次，月活跃用户数达3亿，为中文互联网社区定义了一个新的高度。

不管是豆瓣、知乎，还是百度贴吧，它们的创建者首先都是互联网圈里比较有名的人物，但是一般普通的用户并不认识他们。在平台上它们都是由若干个粉丝经济构建起来的社群经济，如果单纯仰仗某个人的知名度，那么锁定的用户就只是一个粉丝经济体。

不管是社群还是粉丝，二者的区别并不在于哪一个更好，只不过是强调的重点不一样，粉丝经济对主事者的要求比较高，而社群经济则需要有比较好的运营能力。

本 章 小 结

本章首先介绍了社群的概念、主要特征、分类及进阶，接着介绍社群的五要素：同好、结构、输出、运营及复制，最后介绍了社区和社群的区别和联系。通过这些内容，可以了解到社群的构成及价值。

相关法律法规

《中华人民共和国网络安全法》总则第十二条规定：国家保护公民、法人和其他组织依法使用网络的权利，促进网络接入普及，提升网络服务水平，为社会提供安全、便利的网络服务，保障网络信息依法有序自由流动。

任何个人和组织使用网络应当遵守宪法法律，遵守公共秩序，尊重社会公德，不得危害网络安全，不得利用网络从事危害国家安全、荣誉和利益，煽动颠覆国家政权、推翻社会主义制度，煽动分裂国家、破坏国家统一，宣扬恐怖主义、极端主义，宣扬民族仇恨、民族歧视，传播暴力、淫秽色情信息，编造、传播虚假信息扰乱经济秩序和社会秩序，以及侵害他人名誉、隐私、知识产权和其他合法权益等活动。

思 考 题

1. 什么是社群？
2. 简述构成社群的五要素。
3. 简述社区和社群的区别。
4. 与粉丝经济相比，为什么社群营销更有优势？
5. 简述从粉丝经济到社群运营的方法。

第 2 章

社群的生命周期

所有社群和产品都有自己的生命周期,这是不可改变的。人们使用社群的需求永远存在,但人们对于某种产品形态的热情,却有可能会是周期性的,并且还会随着互联网的发展产生很多新的使用习惯。

2.1 怎样让社群长寿

在中国网络上长期泡着的人,都有过入群的经历。一开始是怀着激动和兴奋的心情,怀着良好愿望加入,但当过一段时间后,发现群里充满了灌水、刷屏、广告,甚至两个群友一言不合就争执,愤而退群。

2.1.1 社群生命周期

有时群主也会因各种琐事纠结,例如人数不能太少,少于 30 人不成群,超过 80 人就开始热闹,超过 500 人又乱糟糟地不好管,不出半年,大家慢慢地不再发言,最终成了一个死群。

任何事物都是有生命周期的,大部分群都经历了如表 2.1 所示的生命周期模型,一个群走完整个生命周期模型长则 6 个月,短的甚至只需要 1 周。

表 2.1 社群生命周期的各阶段典型话语

阶 段	本阶段典型话语
萌芽期	不如成立一个群吧
高速成长期	新成立一个群,专聊×××,人多有料快来
活跃互动期	这个群干货真多
衰亡期	冒个泡,好久没有说话了
沉寂期	群主,最近事多,清理群,就先退了,有事直接小窗

必须认识到,即便是出于商业目的而去主动管理一个社群,在运营非常好的情况下,群也是有生命周期的。

这个生命周期大概为两年。

为什么是两年?

第一,来自对过去论坛坛主活跃度的观察:一个论坛的热心坛主往往坚持时间很难超过两年;同样,一个群的热心群管也很难超过两年,即便是专职团队管理,两年内群的运营给社群群友带来的新鲜红利也会消失殆尽。

第二,一般而言一个群在两年的生命周期内已经完成了商业价值的转换。即便是死忠品牌粉,你的产品又不断升级换代,那么在两年内,从商业上讲,该挖掘的商业价值也挖掘得差不多了,如果继续维护群,那么成本会超过回报。

说出这种真相是很残忍的,但是怎么办呢?

这时候群可以尊重大家意见不解散,但也不需要刻意维护。

如果群里面还有个别积极热心的粉丝,可以把群转移给他运营和管理。

如果群里面发现个别值得长期交往的粉丝,可以邀请他加入核心群。

那么如果想尽可能延长社群的生命周期,应该从哪些方面下手呢?显然得从社群的两个主要角色入手:一个是群主,一个是成员。

导致社群走向沉寂的,要么是群主的目的未达成而不再维护,要么是群员的需求未满足而不再活跃。

群是为了满足人的某种需求而建立的,调查发现,所有的群无非是基于这六种理由建立的,如表2.2所示。

表2.2 加群的动机

加群动机	说 明
联络的需要	同事、老乡、同学、家长保持互相联系
工作的需要	对内信息通报,对外客户服务
交友的需要	找到同行、同好、同城等
学习的需要	寻求比自己更专业的人的帮助
宣传的需要	加入群是为了宣传自己公司的产品或服务
生活的需求	吃饭、聚会、旅游需要临时有一个圈子

在这六种群中,基于组织关系或同学、老乡关系的群也许是维系时间最长的,但这种群未必能保持活跃度。能够长期保持活跃度的群要么是有共同兴趣的交友群,要么是有共同成长的学习群。

比如华中科技大学的"Dian 团队",每一个曾经加入团队的正式队员,包括团队的顾问都会加入一个 QQ 群,继续保留自己在团队的编号,老队员可以通过群寻找合适的新队员一起创业,新队员也可以继续向老队员和顾问请教各种问题。由于团队有共同的文化和价值观,QQ 群内部一直充满了积极的沟通能量。

如果根据群对个人的价值,还可以把群分为以下四个类别,如表2.3所示。

后三类群都是已经死亡或者濒临死亡的群,很可能在某一天,群主将群转让或者直接解散。

所以,假如做商业化运营,就一定要认识清楚,能为别人提供的价值是什么?

比方说微信群,你什么都不用做,只要坚持发红包,就有人打死也不退群。但是只出不进讨好用户的做法未必合适。

表2.3 根据价值不同而对群进行分类

群的类型	说明
价值群	经常讨论大家关心的话题，很热闹；能认识朋友，甚至搞一些线下聚会
鸡肋群	感觉在群里时不时有一些有价值的话题，却不分时间地骚扰。(想退出吗？但往往就是在准备退群的时候看到有人抛出一段非常有价值的言论，觉得退出可惜，就干脆临时屏蔽，有空刷一下。也有人习惯把群开着，是怕错过什么有价值信息，但开着，经常有99%是不需要的东西。)
死亡群	活跃少，讨论少，慢慢地，群就开始成为死群
垃圾群	常有人说话，广告满天飞，祝福满天飞，打卡满天飞，却因为种种原因不想退出，干脆就屏蔽了，需要时再来

那么建立一个群，你的定位到底是学习群还是交友群？为什么你的定位能吸引目标人群加入？

这其实是个大问题。

很多人建立一个群，开始想法很多，比如交友交换资源，一起共同成长进步等。但是如果一个群想法太多，其实运营就会变味。

所以，在建群初期，就要深入思考一个问题：对于群员而言，加入一个群会得到怎样的回报？因为人类是趋利的，他要计算自己的付出(比如时间成本)与回报是否平衡，如图2.1所示。

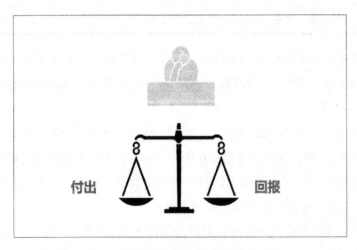

图2.1 付出回报示意图

有的群大家会觉得收获很少，既不能收获人脉，也不能学到干货，干脆退出。有的群大家会觉得收获一半一半，能学到一些东西，但是也要忍受很多刷屏骚扰，分散工作注意力。

有的群大家会觉得收获很大，这种收获有的是一次性点破思维的局限，有的是认识了一个好朋友,有的是通过持续分享获得了成长,特别是收获成长的人会觉得自己找到了归属感。

显然能够长期做到让大家感到收获很大并不容易,这要耗费大量的人力、财力、脑力,所以才有了社群大多短命的结果。这也给了以下两个启发。

(1) 不要过度投入,群走到生命周期尾声了,不骚扰别人就是美德。

(2) 要设计一个在群生命周期结束前就能完成营销的产品。

以上分析了普通人加入群的动机,下面来说说群主建群的动机,如表 2.4 所示。

表 2.4 建群的动机

建群动机	说　明
卖货	销售自己的产品,服务客户或潜在客户
人脉	形成自己的人脉圈
成长	学习和分享
品牌	打造自己的品牌

1. 卖货

比如,一个朋友搞十字绣,也建个群,分享绣花经验,分享完了就可以推销自己的淘宝小店。这种基于经济目标维护的群反而有更大的生存下去的可能,因为做好群员的服务,就可以源源不断地获得老用户的满意度和追加购买。特别要指出的是,在线教育培训会组织大量的学员群进行答疑,分享干货,本质上也是销售产品和提供客户服务。

2. 人脉

不管是基于兴趣还是为了交友,社交的本质就是为了构建自己的人脉圈,这是任何一个职场人士都会去努力维护的关系。群主不是一个正式组织的负责人,但是他维护一个群就是希望在线下可以成为一个非正式关系里面的联结人,获得联结人的影响力。如果他通过群成功组织群员进行一些活动的话,就能逐步在一定的圈子里面形成自己的网络影响力。

3. 成长

这种群的群主是想吸引一批人一起共同学习和分享,构建一个网络学习的小圈子。学习是需要同伴效应的,没有这个同伴圈,很多人就难以坚持学习,他需要在一起相互打气、相互激励,比如考研群。

4. 品牌

利用群的模式如果能快速裂变复制的话,就能更快构建自己的个人品牌影响力。因为网络缺乏一定的真实接触,往往能让新入群的成员夸大群主的能量,形成对群主的某种崇拜，然后群主通过激励、分享干货、组织一些有新意的挑战活动，鼓励大家认同某种群体身份，最终借助群员的规模和影响力去获得商业回报。

如果一个社群的存在，既能够满足成员的某种价值需求，并在满足需求的过程中，又能给运营人带来一定的回报，就会形成一个良好的循环，甚至可以形成自运行的生态，如图2.2所示。

图 2.2　需求回报示意图

从以上的讲解可以得出一个结论：想要得到长期的回报，就要设置长期的需求。这也是为什么大多高频重复使用类产品的社群存活时间要比兴趣社群存活的时间长的原因所在。

2.1.2　案例

在这里举一个例子——乔布简历，如图2.3所示。

这是一款专业的简历制作工具，能够帮助用户快速制作出一份专业简历，另外它还提供优质模板和百余个工作岗位，帮助求职者做好入职准备。

乔布简历官网曾新上线了一个版块，叫作乔布小组，分为 5 个模块：简历、实习、面试、笔试和职场交流。但由于属于新版块，缺乏大量的原则内容，而且由于网站属于工具性网站，用户的黏性和活跃度不是很高，所以想通过建立 QQ 群的形式聚拢目标用户，最终为网站的小组版块带来第一批核心用户并产生原创内容。

于是，乔布简历的社群就这样初步建成了，运营人参考秋叶PPT的社群模式，将群对象定位为大学生和初入职场人士，对社群进行了规划与尝试。

图 2.3 乔布简历

为运营人小乔在维护社群一段时间后所作的总结：为了更好地给群成员进行分类以及后期的数据统计分析，所以在新成员加群的时候，会引导新成员修改群名片。

群名片格式如下。

地区+岗位+昵称(职场)
学校+专业+昵称(学生)

运营群的小伙伴承担着一定的网站流量考核指标，所以在入群公告中加上了乔布简历官方 QQ 空间的关注地址，并引导大家有什么简历或求职上的疑问，可以直接去官网的小组寻求帮助，基本上能做到工作日 24 小时内给大家答复。

在建群初期，尝试了禁言和不禁言两种方式。禁言的缺点是很多新人进来发现自己什么都干不了，一冲动就直接退群了。而不禁言会导致有些不自觉的小伙伴随意聊天，影响到大多数想来学习的人，所以干脆建立了一个专门用于闲聊的 QQ 群，把主群禁言。最终发现喜欢聊天的人是少数，在主群达到 1600 多人的时候，闲聊群才 100 多人。而且闲聊群的活跃分子，同样是主群的活跃分子，每次在主群活动的时候，他们会互相沟通自己的看法，并提供有效的反馈。同时，担心一周一次的分享会让很多用户忽视，群主每天会在主群推送一些精选的招聘信息和干货文章，以增加群在用户心中的存在感。

乔布简历职场分享交流群的第一批粉丝，是通过微博、微信，以及以前的一些用户 QQ 群的宣传，差不多拉来三四百人。在有了初期的三四百人之后，就开始了以下职场内容的分享。

每周邀请嘉宾，给群内的小伙伴带来一场关于职场的分享。

分享时间：每周日晚上 8:30—10:00。

分享方式：群内文字分享，分为嘉宾分享和群内答疑两个环节。

嘉宾邀请策略：首先邀请公司内部相关人士，如 CEO、CFO 等；其次，邀请一些有相关合作或比较熟悉的嘉宾，如某产品经理；接下来，还会邀请跟用户群体重合的相关企业或个人嘉宾。同时，也注重群内的资源挖掘，引导一些群内的优秀小伙伴来做分享。

分享预告：提前两天在职场分享交流群发布群公告，在公告中也引导群内用户把相关通知分享给他身边的人。同时，也通过其他 QQ 群、微博、微信等渠道发出分享预告，吸引更多的人加入到 QQ 群。

分享结束以后，会把分享的内容总结上传群文件，同步发到微博、微信以及官方小组。

增加群成员的方法如下。

优质的内容能带来很好的口碑效应，群内新加入的成员很多都是群内老成员宣传邀请的。

当然，如果你邀请的嘉宾是被很多人所熟知的，那么就能带来很明显的加粉效果，比如某 CEO 的分享，就带来了近 200 人的加粉。

由于运营团队有其他的运营渠道，如豆瓣、简书等，发推广文章的时候顺便加上 QQ 群，也能带来一些粉丝。还有一点，如果你常玩知乎，可以把自己的个人介绍改为 QQ 群号，多做一些高质量的回答，同样能带来不少粉丝。

从以上表述来看，运营人做得非常认真，维护得也非常用心，但是这样的社群却存在一个重大的风险，是什么呢？

当下找工作的人觉得这个社群真好，可以帮自己做简历，更能顺利地求职，关于简历与求职是当下最大的需求，可以每天泡在里面收获价值。但是请问，求职者找到工作之后呢？

第 1 章中讲到社群的第一要素是"同好"，请问谁有常年做简历的爱好？

一旦顺利入职，工作稳定下来，你还愿意每天在群里聊简历的话题吗？还会每周期待分享吗？结果势必是先沉默，后屏蔽，甚至退群。

所以需求的短暂性势必造成社群的短暂性。

2.2　社群短命的七宗罪

社群短命的七宗罪包括：缺乏明确而长久的定位、缺乏影响力或热心的群主或群管、群主个性过于强势、骚扰，或群缺乏固定的活动形式、蒸发、陈旧。

2.2.1 缺乏明确而长久的定位

失焦是导致社群消亡的第一个原因,也就是社群缺乏一个明确而长久的定位,如图 2.4 所示。

图 2.4 失焦示意图

很多群成立后往往会快速拉入很多人,结果偏离了群主最初建群的目的,整个群因为缺乏共同的话题和活动连接,就变成了一个灌水群。

没有人经常分享有价值的话题,时间长了群员就失望了,既然成了工作的骚扰,不如退群,等待下一次冲动再入新群,如此循环。

如果在入群前群员能够告诉别人加入这个群的价值和交流机制,那么对群的生命力反而更好。但是现状是大量的人花费大量的时间只是把自己认识的人纳入一个群,而对于群的主题、定位、分享机制都没有通盘考虑。

没有定位的一个表现就是什么人都可以入群,结果一个群里既有大牛又有新手,把不同层次的人混在一起,认为这是所谓去中心化自组织,殊不知这恰恰是把牛人给骚扰走的最佳方法。

事先通盘考虑过主题、定位、分享机制的群寿命会更长,灌水群必死。

2.2.2 缺乏有影响力或热心的群主或群管

无首是导致社群消亡的第二个原因,也就是缺乏有影响力或热心的群主或群管,如图 2.5 所示。

图 2.5 无首示意图

在这里要特别区分一下"去中心化"的概念,很多人觉得一个社群有领袖、有管理、有规矩就是违背"去中心化"的宗旨,这是一个误解。

所谓去中心化,更重要的理解是指内容、信息不再是由专人或特定人群所产生,而是由全体成员共同参与、共同创造的结果,它与有人维护并不冲突。

其实定位再准的群,没有人主动管理和维护,也是无法持续运营的,不可能完全自组织,只能解释为中心碎片化,组织网络化。

为了便于管理,群主或群管理员都是最佳的选择。

2.2.3 群主个性过于强势

社群消亡的第三个原因是群主个性过于强势,如图 2.6 所示。

图 2.6 过于强势示意图

有一种群是因为群的规模扩大了以后,群主为了管理群,往往制定了严格的群规。但是越是严格的群规越容易带来争议,因为很多人不喜欢一个网络组织有太多的约束。

比如很多群主希望群里少一些闲聊,多一些干货,不要发与主题无关的话题,而有的群员会认为一个只聊专业话题的群没有趣味,不认同这样的规矩,他们认为应该有一些轻松活泼的内容活跃气氛。

大部分群主是认可群可以轻松活泼一些的,但有一个度的问题,群的规模越大,这个度就越难把握,直到群不得不建立严格的约束。

一个群的群规的形成,最好是经过群员的讨论,来达成一致,这样才容易得到遵守。如果群主要推出强势群规,那么群主就必须比群员影响力等级高一个数量级,这样才能获得遵守群规的心理优势。

所以,强调民意的组织纪律比强调个人权力的群寿命更长。

2.2.4 骚扰

社群消亡的第四个原因是骚扰(见图2.7),骚扰有两种。

图 2.7 骚扰示意图

一种是垃圾广告。对于垃圾广告,群规要提前声明,管理员要及时治理。这就要求管理员有一项非常重要的工作,即及时上网,关心每一个群员,要特别留意混进群发垃圾消息的人,并及时清除。如果一个群经常有人发垃圾消息,群管没有及时处理,那么这个群马上就会沦为死亡群。

另一种是过多的闲扯灌水。一个超过 200 人的群,一人说一句你也得看半天。如果正在工作或是学习,那么群消息就会不断闪烁,经常打断一个人正常的生活和学习节奏,时间久了也会让很多人选择屏蔽。所以如果一个群的人数过多，要选择一定的禁言措施，比如工作时间群内不聊天，晚上和节假日随意，这样就会改善很多。

2.2.5 群缺乏固定的活动形式

社群消亡的第五个原因是群缺乏固定的活动形式，如图2.8所示。

图 2.8 无聊示意图

一个群要想做得有声有色，不让成员感到无聊乏味，就必须有定期的活动。

最受群欢迎的活动形式应该是定期分享模式。一种常见的组织方式就是由群主提前协调群员，规划每周 1~2 个主题，邀请不同群员或者外来顾问分享，每次用 1~2 个小时，在约定的时间邀请群员一起交流讨论，聚焦特定主题，这样就有了"集体创作"的感觉。

如果一个群规模超过 40 人，又没有一个固定的形式组织大家在一起，大家没有定期的互动、协作、讨论，没有熟知度，没有凝聚力，没有归属感，那么这个群的生命力很快就会衰退。固定的分享会让群员产生一种身份认同感。我在这个群，我是一个怎样的人。这种身份认同感也是群员愿意留下的重要理由。这种身份认同感消失的时候，群员很可能会选择退群。

不过如果一个群的规模不超过 40 人，大家在一起的理由可能是因为兴趣相投，认同度高，愿意一起聊，因此就不需要刻意限定分享形式。

2.2.6 蒸发

社群消亡的第六个原因是"蒸发"，如图2.9所示。

图 2.9 蒸发示意图

当新成员不断涌入一个开放聊天群时，群中最有价值的成员会发现，群成员平均价值水平的降低让自己继续待在这里已经没有意义了，于是他们就会选择离开。这批成员的离开进一步降低了群的价值，于是恶性循环开始了——越来越多高价值的成员选择离开，直到有一天这个群彻底沦陷成了一个平庸的聊天群。

用一个专业的科技词汇来表述，这一现象叫"蒸发冷却效应"。蒸发冷却是指液体在蒸发成气体的过程中会吸热，从而降低周围的温度，起到冷却的效果。

群的开放意味着它对成员的加入没有选择性，如此一来，最想加入群的成员会是那些水平在群目前平均水平之下的人，因为他们可以从群中学到更多东西。他们的加入从长远来说必然会对团体造成不利影响，而那些相对封闭的群能更好地应对这种问题。这种封闭群对成员的加入有着极高的要求，一般都是采用邀请制。由于小众而又封闭，大部分此类群都只是低调地活在大众的视野之外。

2.2.7 陈旧

社群消亡的第七个原因是陈旧，也就是成员总是那么几个人，失去了新鲜感，如图2.10所示。

上一个"蒸发"让我们知道了新成员带来的副作用，但是如果一个群的成员长期没有更新，那么这也可能是群走向死亡的开始，任何组织都需要经常换血，没有新鲜血液注入，群往往会沉寂。

因为新人的进入会给群带来新的冲击力，也会带来新的活力。

那怎么兼顾这两者之间的平衡呢？

根据我们的经验，一个群在入群阶段的门槛越高，这个群加入后流失率反而越低。

比如，有的群要求必须付费才能进入学习，群员反而更愿意遵守规则，维护学习秩序。

图 2.10　陈旧示意图

2.3　社群活跃的结构模型

什么样的社群可以长存呢？只要是能长期生存一段时间的群，都有内在的生态模式。我们重点分析基于兴趣或者学习成立的群组。

2.3.1　群组角色

在群组里都存在以下几种角色，如图 2.11 所示。这些角色的不同组合，就构成了不同群的生态模式。围绕这些群角色，基本上只有两种群管理模式：一种是基于社交群的环形结构，一种是基于学习群的金字塔结构。

———————— 群组里存在的六种角色 ————————

群角色	说　明
组织者	负责群的日常管理和维护，也是群的活跃分子
思考者	群里的灵魂人物，是在圈子里拥有威信或影响力的人
清谈者	能够轻松自如接受大家的调侃，让群变得活跃和有气氛的人
求教者	在群里提出自己各种困惑，希望得到帮助的人
围观者	习惯潜水，偶尔插一两句话，很快又消失的人
挑战者	加入一个群组后往往对群的管理方式或者交流内容公开提出不满意的人

图 2.11　群组角色

2.3.2 环形结构

在环形结构中，每一次群交流，每个人的身份可以互相变化和影响，但是一个群里面至少存在一个活跃的灵魂人物，他可能身兼思考者、组织者等多个身份，如图 2.12 所示。如果一个群拥有 2～3 个活跃的思考者，那么这个群不但生命力很强，而且会碰撞出很多火花。

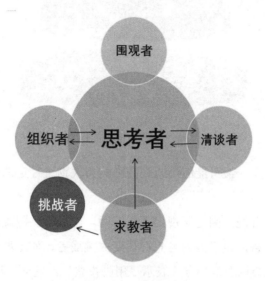

图 2.12　环形结构

在社交群里，必须有一类活跃分子，清谈者虽然很难奉献出有深度的内容，但是他们往往有比较多的信息来源，可以给群提供一些有趣的话题，诱发思考者奉献出有质量的内容，一些围观者也可能被激活，带来有深度的内容。另外清谈者往往有比较开放和包容的心态，能够接受调侃，这样会让社交群不至于像工作群一样单调乏味。

在社交群里比较尴尬的身份是求教者，虽然有时求教者可以给思考者带来好的话题，但如果提出的问题非常初级，加上缺乏良好的沟通技巧，那么对有影响力的思考者反而形成了一种负担。如果思考者回答方式过于粗暴，或者组织者缺乏疏导技巧，那么求教者就会认为群缺乏分享精神，个人尊严受到歧视，瞬间就会变成挑战者，最后的结局往往是被踢出群。当然好的一面是，如果求教者的问题得到好的回答，那么他会变成群中积极的组织者。

正因为环形结构可以进行身份互换，群规的设置往往很难严格，留下很多弹性空间。

2.3.3　金字塔结构

在金字塔结构中，如图 2.13 所示，一定有一个高影响力人物，然后发展一些组织者帮助管理群，群员基本上都是追随高影响力人物进来学习的。所以在群里必须制定严格的群规，否则如果每个学员都直接和高影响力人物沟通的话，那么高影响力人物就无法进行任何有效的通信。

图 2.13　金字塔结构

所以在这种学习群里，最可能的模式是高影响力人物进行定期分享模式，由组织者进行日常的群管理。

两种类型都少不了群规，因为无规矩不成方圆。比如一些围观者有时候因为种种动机想在群里发各种软性广告，也会因为触犯群规变成挑战者，如果群组织者缺乏疏导技巧，一些同情围观者的群员会以退群的方式表示"用脚投票"，这会给群的生命力带来损害。

2.4　群越大越好吗

"粉丝经济"以情绪资本为核心，以粉丝社区为营销手段增值情绪资本。粉丝经济以消费者为主角，由消费者主导营销手段。从消费者的情感出发，企业借力使力，达到为品牌与偶像增值情绪资本的目的。社群经济的结构是多点之间的相互连接，强调的是凝聚力，缺失一个，并不能瓦解整个结构，这是一个可以自行运转的生态。

2.4.1　150 定律

有一个"150 定律"(即著名的"邓巴数字")指出：人类智力将允许人类拥有稳定社交网络的人数大约是 150 人。

这个数字由于地域不同、文化不同、网络和现实的区别等可能会有一定差异，但毋庸置疑的是，社交网络人数肯定是一个有限的数量。

你可以回想一下你的朋友圈，差不多加了二三百人之后，遭遇的刷屏体验比微博更甚，如图 2.14 所示。

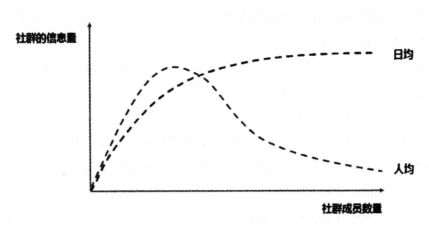

图 2.14　社群成员数量和信息量曲线

比如一个群的人数可能不多，正是因为成员不多，所以只要依靠每个人的自我规范就可管理，氛围融洽，凝聚力强，群内的总信息量不一定要很大，但是参与度很高，质量也不差。人数一旦迅猛地增长，每个人说一句你也不一定看得过来，并且由于大量刷屏，体验感下降、信息过载、价值鸡肋，参与的人越来越少，屏蔽群的人越来越多，这个时候信息量是大了，但人均参与量其实大大降低了，凝聚力也会下降，活跃度当然也就会下滑。

那么应该如何看待金字塔和环形两种结构社群的规模呢，如图 2.15 所示。

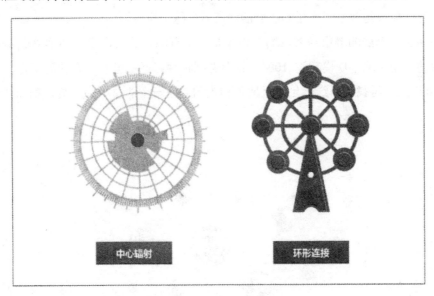

图 2.15　中心辐射、环形连接

如果群定位是学习分享群，那么在有能力管理的情况下，群的规模越大越好。

这样高影响力的人一次分享可以辐射更多的人，但是这种群在线分享如何解决学员参与就会变成一个大挑战。

比如 QQ 群支持 2000 人的上限，如果一个人分享，让 2000 人互动，就会瞬间形成刷屏潮，导致分享无法继续。如果采取全员禁言，核心人员分享的模式，大家又会因为缺乏参与感，而不愿意参加分享。

学习群的规模上限其实是不受2000人限制的，完全取决于高影响力人的群管理水平。在金字塔层次结构中，只要形成大家都遵守的发言纪律，群的规模和分享水平都可以稳定在某个大家可以接受的水平线上。

金字塔群还有一个变形，那就是成立一个核心管理群，规模不大，但是在这个管理群中每个人都维护着一个小群，从而形成一个群的递归金字塔管理模式。

但是环形结构的社交群不可能具有太大的规模。

以微信为例，现在有500人群、200人群和40人群。但微信最早的群上限是40人，为什么设计成40个人？

第一，微信群的产品逻辑就决定了群员关系是相对平等的，在一个平等的社区里面，形成一个金字塔结构的难度是非常大的，如果群主时刻表现出高人一等的存在感，群员会选择变成挑战者或者直接退出。

第二，管理学也告诉我们对于一个松散型组织，26~36人是一个小型自组织形态最佳的规模。传统管理理论上建议一个人可以直接管理人数最好是7个，不要超过9个，作为一个小团队也不要超过36人，所以40人的微信群设置应该是微信有意为之，它不是一个随意的数值，应该是观察了大量QQ群活跃度后的综合设置。

如果遇到一个好的群组织者，同时他也是一个有能量的人，那么环形群关系是可以做成大规模的，但是这个规模超过100人就会遇到种种问题。笔者个人的观察是，一个群如果超过40个人，再找到活跃度足够且情趣相投的人是一个非常大的挑战，如图2.16所示。

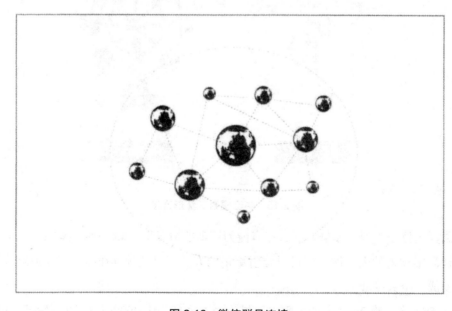

图2.16　微信群员连接

但是在实际使用过程中，大量的人会认为40人不够用，甚至500人都不够用，最大一个原因就是大部分人有一个本能冲动——把这个圈子里最好的人都装在一起。

我们在前面的章节中讲述的"蒸发效应"告诉我们，把人都装在一起和让这些人愉快相处是一对矛盾的关系。邀约牛人进群可以为群增加活力，但是如何让牛人在群里得到好的服务，又不被过度骚扰，是运营的难题。

所以为了将群规模在扩大的过程中，将损失降到最低，笔者有几个建议。第一，加人要有节奏，不要一股脑引入太多。第二，加人要有门槛，得来不易才懂得珍惜。第三，加入的人要守群规，正是无规矩不成社群。第四，老人要带新人，将社群文化进行传承。

"十点读书"的发展历程如下(参见图2.17)。

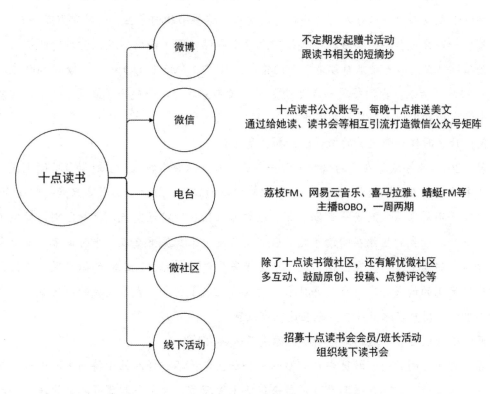

图 2.17 十点读书

2010年12月6日，微博@每日推荐好书，发布第一条微博。

2012年11月30日，微信十点读书，发布第一篇文章(来源：传送门)。

2014年5月10日，荔枝FM十点电台，发布第一个节目(来源：荔枝FM)。

2014年6月10日，微博@每日推荐好书，正式更名为@十点读书。

2014年9月，"十点读书"荣获中国微信500强文化类状元(来源：新媒体榜单)。

2014年12月5日，"十点读书"公众号粉丝数超过100万。

2015年4月17日，十点读书征文出书。

2015 年 4 月 23 日，十点读书会正式成立。

2015 年 4 月 25 日，十点读书会招募班长。

2015 年 5 月 3 日，厦门十点读书会举行首期书友会(下面是两则采访的资料，供参考)。

采访一

问：你什么时候开始做十点读书微信公众号？主要靠什么来增长粉丝？

答：2012 年年底我开始做微信公众号，在这之前微博已经积累了 20 万的粉丝。但微博以 140 字的短文摘为主，不方便分享长文。而微信更方便分享长篇，也更方便对文章进行深阅读，就想尝试一下。微信粉丝开始的时候每天只增加一两百，主要从微博粉丝中转化过来，到现在每天增长 2000~3000，主要是微信粉丝朋友圈转发带来大量的回流。

问：十点读书的微信每天都会推荐不同的书，这些书的内容主要是从哪里获得？

答：一部分是自己感兴趣的，我经常上读书网站，看上面的网友们爱看哪些书，以及他们会推荐什么。另外是来自读者朋友的推荐，我有 3 个读书 QQ 群，大概有 500 多人，这 3 个群特别活跃，我们每周都有 2 个小时的读书分享会，一起分享最近看的书，这些分享都会被我用在微博、微信的推荐中。

问：什么时候开始运营的微社区？初衷是什么？

答：2013 年年底，在我的微信运营一年后，我开始做微社区。当时微社区刚上线，我是比较早接入的一个公众号。微信是一个比较封闭的媒体，读者和运营者只能一对一沟通，读者之间并不能沟通。而我一直期望有个地方可以让我的粉丝交流，微社区刚好提供了这么一个平台，让我的粉丝在阅读完文章后可以在这个微社区里交流，平时读者也可以在微社区分享一些读书心得，交一些书友，产生很多原创的内容。现在我的微社区用户们已经可以提供优质的读书分享内容，并且很多粉丝彼此成了朋友。我希望我的社区成为一个大的读书平台，用户在这里成长，也在这里有收获。

问：微社区运营中遇到哪些困难？你是怎么解决的？

答：刚开始的时候，社区内广告帖以及和社区定位不一样的帖子特别多，当时只有我自己一个人管理，也不知道怎么办。后来征集了管理员，大家一起商量怎么管理，一起努力把这些定位不一的帖子删掉。同时，花更多的时间给用户发的帖子点赞、回复，坚持消灭零回复、零点赞。现在，社区内的氛围比较好，大家都集中在分享读书心得以及推荐书，帖子也越来越好。通过征集，我也发现了自己账号原来有很多热心的资深粉丝，这些让我很感动。

问：我发现十点的活动互动率很高，你是怎么做到的，可以分享下你的策略吗？

答：刚开始，我做活动，都是一些比较简单的征集话题，发现参与的人很少。后来，我开始把微博上的转发赠书活动稍微变形，在微社区内也做回复赠书、晒图赠书活动，参加的人就特别多，用户分享也特别多。最好的一次晒图活动，是配合广东科技出版社推出的新书《轻断食》搞的晒"史上最瘦"照片的活动，参加人数有1000多，页面浏览量200万、独立访客23万。

问：说到内容运营，你做内容运营有哪些偏向？

答：我的粉丝有七成是女性，以80后、90后居多。我和厦门的一个书店老板聊天时发现，他们书店的顾客也七成都是女性。我猜想，女生比较有时间读书，并且爱分享。

所以，在做内容运营的时候，我会偏向推荐人文、情感类等女生比较喜欢的书籍和内容。刘瑜、张佳嘉的书都比较受欢迎，而一些财经类的书籍基本不受欢迎。

问：十点读书已经累积了百万的用户，下一步你有什么计划？

答：目前，十点读书的运营主要是微博、微信、微社区、电台，之后最主要的方向会是微社区和电台，这也是我未来用户增长最大的地方。现在，我和太太全职做十点，2013年我们靠着广告已经实现了盈利，未来我希望微社区能实现盈利。

采访二

问：据我们统计，你们2014年9月份的总阅读量超过了1200万。受到这么多人喜爱的微信号，都是哪些人来做的呢？你们现在团队有多少人，怎么分工？

答：文章能得到这么多读者的阅读分享，我感到很开心，也很感谢我的团队。目前团队有3个人，工作项目大概是分内容、技术、客服这三块，我们3个人会一起做，没有特别具体的分工。另外有一些朋友、读者帮忙做电台、管理微社区等，也有不少读者给我们的每个栏目提建议，帮助我们成长。

问：以读书为名，你们栏目里有"书单""书店风景""写书评"，经常推出书摘、书讯，然后小店里还卖书立、书套，感觉和书有关的一切都被你们承包了。这些贴心服务都是谁的主意？还有，最近"青岛微书城"很火，你们会考虑卖书吗？

答：刚开始的主要栏目是推荐书、分享美文。随着运营时间增长，读者的需求越来越多，我们的栏目也越来越多，有些需求是我们一起想的，有些需求是读者提出的，比如不少读者在后台留言，能投稿给你们吗？我们就在菜单和微社区中增加了投稿栏目，目前已经收到了上千篇投稿，我们一起阅读，从中选了部分优秀的文章放在投稿栏目中。

"青岛微书城"是我们的合作伙伴，他们是微信书城中做得比较好的。虽然我们也很想开个网上书店，但是卖书运营难度比较大，需要投入的人力成本太高了，我们做不来。或许未来我们更有能力了，会选择在厦门开一家安静的书吧、咖啡吧，能接待从全国各地来厦门旅行的读者，这是我们奋斗的目标。

问：微社区是很多微信号的野心所在，但是你们的是我所见到的做得最好的。过千万的访问量，用户的积极参与，不断有新的话题更新，你们是怎么做到的？

答：简单地说，公众号要积累一定的粉丝数，多引导粉丝进微社区交流；重视运营管理，社区活跃度提升会产生很多广告帖，我们征集了10位管理员，一起交流如何运营，管理社区，每天轮流删广告，把每个帖子分到合适的版块；多互动，给一些优质的帖子点赞评论，鼓励原创。这几点都做好，随着时间的积累，社区会越来越活跃的。有一些在社区玩了半年以上的深度用户发帖留言，说社区就是我们的家，看到这类帖子心里会挺感动的。

除了十点读书微社区，我们还开通了一个解忧微社区。有段时间我们几十位读者一起读了东野圭吾的《解忧杂货店》，书中写一位老爷爷在自己的杂货店门口放了个信箱，谁有烦恼可以写信投到信箱中，老爷爷收到信就会回信并投到信箱中，发生了很多温暖的故事。我们的小伙伴看完书就一起商量开设了解忧信箱和解忧微社区。每天解忧社区会新增很多求解忧的帖子，我们会一起和他们交流、解忧。

问：你们的电台内容也很赞，每一期广播都是怎么出炉的？还有，你怎么看待广播自身的衰落和在移动互联网上的重生？

答：我们电台做了半年，目前每期播放量能达到10万到20万次，电台一周更新两期，后台经常有听众留言求更新，近期我们在考虑加快更新的频率。

说到传统广播的衰落，现在人手一部手机，电台能被听到的机会其实是更多了，就看传统广播是否愿意尽快地进入移动互联网打造"新媒体电台"，他们有很多优质的人才和内容，很有优势。

问：从很多环节都可以看出"十点读书"和读者互动的诚意，你们会像凹凸先生那样认真处理每一条后台留言吗？

答：后台每条留言我们都会查看，也会尽量回复。有一些读者会以为我们后台是机器人，曾经有个姑娘晚上11点多还在我们后台发信息，唱歌唱了半个小时，发了十几条语音过来，唱得不错，我给她留言说"姑娘有点晚了，早点休息吧"。结果把她给吓哭了，她说怎么会有真人回复……

2.4.2 营销案例

麦当劳的社群更多是起到公告栏的作用，能够与消费者进行沟通，更好地为消费者服务，其标志如图 2.18 所示。

在麦当劳的社群中，有三类运营方式——客户答疑、促销互动、主题活动。

客户答疑，即社群运营者(麦麦种草官)根据麦当劳的官方活动，发布相应的主题日温馨提示，并为客户解答相应的问题。

促销互动，即运营者在麦当劳进行全国性的大型促销活动时，在群里同步互动引流。

主题活动，即配合麦当劳的 IP 合作等营销活动，进行主题活动宣传，引导消费者关注 IP 周边的一些产品，从而刺激消费心理。

图 2.18 麦当劳

在麦当劳的社群中，我们可以看到，一年 365 天的时间里，每一天的群里都是活跃的。有不断的信息和互动活动，消费者因为体验而产生的疑惑、负面信息等也可以在群内及时得到反馈。

但在所有社群信息中，很少出现社群促销活动，换句话说，麦当劳很少通过社群进行促销。这与动不动在群里发优惠券的社群有着极大的差别。

而这是基于麦当劳的用户群体产生的差异。

事实上，相比起肯德基、德克士或者汉堡王这些同行，麦当劳低价随心配的产品已经形成了固定的消费者群体，从价格上已经给消费者形成了既定印象，就算不做社群促销派发优惠券，也并不影响用户的消费选择。因此，对于麦当劳来说，通过社群去打造麦当劳本身的品牌形象，影响用户心智，才是最重要的任务。

简单来说，麦当劳不需要消费者在群里看见活动或者优惠才下单，而是需要在有消费需求的时候第一个想起麦当劳，让消费者对麦当劳品牌拥有忠诚度。

麦当劳有 4.5 万个社群，并且人数还在不断增长。基于群内不间断的活动，这些社群的活跃度和粉丝黏性都很好。这么多的社群是怎么组建起来的呢？

众所周知，随着数字化进程的推进，这些餐饮巨头纷纷开始了 App 和小程序的线上化进程。通过 App 或小程序完成会员入驻，并用积分兑换产品，这是最早的私域流量池的形成。

随着不断的技术迭代，线上点餐、优惠券越来越方便，同时原本的多个小程序矩阵整合升级，让消费者可以一键直达，下单步骤进一步简化，用户体验感变好的同时，线上深度互动的频率也随之增加。

数据显示，目前麦当劳数字化点单的比例超过 85%，其中，自家 App 占到 20%，剩余就是小程序的点单。而早在 2020 年，小程序就已经为麦当劳累积了 1.6 亿的会员。

可以说，通过线上 App、小程序下单，不仅避免了因为排队造成的客户流失，减轻了高峰期门店压力，还通过点餐流程中的多个环节，完成了社群引流——店内的各处都张贴了明显的海报、二维码，引导消费者使用小程序或者 App 下单，店员也会主动引导其使用线上点单；在线上点单完成后的取餐码页面，则会显示对应门店的微信群，通过一系列的"福利""会员优惠"字眼引导消费者进入微信群。如此，引入私域流量形成固定消费会员群体的第一步就完成了。

当然，想要留存黏性用户实现锁客，还需要后续裂变营销手段的配合。比如会员卡、会员俱乐部消费券、优惠福袋等等，以培养消费者固定的领券习惯、拉新复购等。

至于依托新技术层出不穷的小游戏，还有时不时让消费者有"薅羊毛"快感的优惠活动，如图 2.19 所示，也成为麦当劳针对消费者心态营销裂变的制胜法宝。

图 2.19　参加优惠活动有"薅羊毛"的感觉

其实无论是 IP 合作，还是私域搭建，抑或是渠道互通，最根本的出发点就是精准捕捉用户需求，建立与用户沟通的最短路径。

比如在 2021 年战争策略游戏《部落冲突》全球锦标赛时，麦当劳与其跨界进行 IP 联名合作，推出新产品安格斯厚牛堡。厚牛堡的受众无疑更多是青年男性群体，与部落冲突手游的玩家群体有很高的重合性。

因此，麦当劳一边通过社群发动用户观赛并参与话题互动，一边推出优惠套餐和免费汉堡福利，还能通过积分兑换礼物，把双方的私域用户都联系了起来。

这次活动无疑是成功的。当时共有 22 万人参与了这次活动，3 天的会员积分秒杀，都是 1 分钟内结束"战斗"。可以说从私域用户出发，用 IP 作为手段，以足够有趣的活动为吸引，麦当劳的这次营销范围大、效果好，成本还低。

IP+私域+渠道，三者的相互配合，是麦当劳屡战屡胜获得高净值会员的因素。在这基础上最重要的一步，就是快速而精准地确定跨界联合方彼此重合的消费群体的心理与习惯。

从公域流量到私域流量的转变，归根到底是对消费者从"一网打尽"到"精准应对"的转变，是从品牌为中心到以消费者为中心的运营模式的转变。

无论是完美日记依托社群进行新品打折、美妆攻略，用社群作为一大销售渠道，还是瑞幸、星巴克通过社群发布新品折扣券、周边信息，做社群促销，抑或是麦当劳走互动服务、固粉锁客的路子，以消费者为中心，精准化确定目标人群，制订触达并完成用户心智占领的营销计划，是实现社群营销最根本的立足点。

本 章 小 结

社群的出现对于在网络上营销产品的商家们来说是一个天大的好消息，如今网络营销能吸引到很多的用户消费，而社群的存在就是为了让商家们留住来自己的线上商城中消费的用户，本章给出了让社群"长寿"的方法基案例，也介绍社群"短命"的七宗罪，最后分析给出了社群活跃的结构模型。

相关法律法规

《中华人民共和国网络安全法》有关网络信息安全的第四十一条规定：网络运营者收集、使用个人信息，应当遵循合法、正当、必要的原则，公开收集、使用规则，明示收集、使用信息的目的、方式和范围，并经被收集者同意。

网络运营者不得收集与其提供的服务无关的个人信息，不得违反法律、行政法规的规定和双方的约定收集、使用个人信息，并应当依照法律、行政法规的规定和与用户的约定，处理其保存的个人信息。

第四十二条规定：网络运营者不得泄露、篡改、毁损其收集的个人信息；未经被收集者同意，不得向他人提供个人信息。但是，经过处理无法识别特定个人且不能复原的除外。

网络运营者应当采取技术措施和其他必要措施，确保其收集的个人信息安全，防止信息泄露、毁损、丢失。在发生或者可能发生个人信息泄露、毁损、丢失的情况时，应当立即采取补救措施，按照规定及时告知用户并向有关主管部门报告。

思 考 题

1. 十点读书是社群吗?
2. 十点读书模式是如何成长起来的?
3. 十点读书是如何培养群员参与感的?
4. 你如何看待十点读书的生命周期?你看好他们这种模式的商业前景吗?

第3章

社群依托的平台

当前互联网主流并且适合社群运营的平台有QQ平台、微信平台、微博平台、百度贴吧、陌陌平台、豆瓣、小红书等。不同的平台有不同的优势和缺点,应该根据自己所创建的社群的属性、目标群体、社群类型等选择社群运营平台。

3.1 加入机制

在中国网络上长期泡着的人，恐怕都有过加入某些群的经历。一开始是激动和兴奋的心情，但当怀着良好愿望入群一段时间后，却发现群里充满灌水、刷屏、广告，甚至两个群友一言不合，引发争执或冲突，愤而退群。

3.1.1 QQ 平台

QQ 是腾讯公司推出的一款即时通信软件，它支持在线聊天、即时传送语音、视频、在线(离线)传送文件等全方位基础通信功能，并且支持从电脑到手机的跨终端通信，为用户构建完整、成熟、多元化的在线生活平台。自 1999 年推出以来，连接亿万中国家庭和用户，成为他们日常情感交流、商务办公的主要平台。截至 2016 年第三季度，月活跃账户数就已经达 8.77 亿，同时在线账户最高达到 2.50 亿。

QQ 发展演进的时间跨度更长，整体来看经历了四个阶段。首先是聊天室阶段(1999—2002 年)，用户在电脑终端登录 QQ 账户就可以通过即时收发信息、网络寻呼、传输文件等功能展开信息交流活动，相比传统的无线寻呼，便捷性和功能性有所提升。2003 年 QQ 移动终端问世，QQ 发展进入移动社交时期，2003—2006 年是对 QQ 移动端人际传播方式和交互模式的搭建和调试阶段，基本社交功能集中上线，文字、语音、视频、表情等信息传递和接受的渠道增多，人际传播中自我表达的需求借助个人资料、形象照片、个性签名等功能设置得以实现。此外 QQ 空间、游戏、音乐、宠物等拓展了人际传播的场景，但受制于手机硬件环境和网络环境，页面设置较为简单，界面体验感一般。2007—2013 年是手机 QQ 交互体验优化阶段。智能触屏手机的推广为 QQ 优化交互体验提供了硬件支持，信息收发更流畅、个人形象设置和个性化服务更丰富。2014—2020 年是手机 QQ "社交+服务" 阶段，此时 QQ 从单纯的即时通信工具变为整合人际交往、资讯娱乐和生活服务的综合性传播平台，大量基于场景的交互方式涌现，丰富的功能使得聊天体验更具趣味性。

腾讯公司提供的数据显示，从 1998 年 QQ 诞生到 2014 年十六年的时间中，中国的 QQ 注册用户高达 6 亿左右，2014 年 4 月 11 日 21 点 11 分在线人数突破两亿，活跃用户 1.8 亿左右。也就是说网民几乎人手一个账号，有的甚至有多个账号。现在无论是个人还是企业，在日常生活中或工作上都喜欢留下一个 QQ 号，以便日后联系，而且 QQ 也是一种聊天工具，即便是不认识的人也可以通过查找，找到相同兴趣的人，并且交流通信。尤其在网络应用领域，QQ 和百度几乎涵盖了所有应用，百度是以搜索引擎在中国网络取胜，而 QQ 却以一种模仿的方式，利用它的 IM、空间、家园、校友、微博等功能，即社会化媒体营销策划占了网络通信市场的一大部分，同时拥有庞大的客户群体。也就是说 QQ 作为一种即时通信工具在中国的发展几乎可以说是无敌了。所以这么一个通信市场，是商家的必争之地。

QQ 作为国内即时通信类软件市场规模最大的网络社交平台之一(其登录界面如图 3.1 所示)，月活跃用户超过 8 亿，是运营人员不可忽视的重要社群运营平台之一。尽管微博、微信的出现，给 QQ 带来了不小的冲击，但 QQ 凭借其所拥有的数以亿计的海量用户基数、丰富的功能、跨平台操作的优势，依然占据着通信社交类软件的重要地位。

图 3.1　QQ 的登录界面

1. QQ 平台的优势及社群的主要类型

QQ 平台的最大优势在于既可以点对点聊天(好友之间)，也可以点对多聊天(QQ 群签到、群论坛、公告、相册、群直播等功能一应俱全)，几乎能满足所有场景的需要，大大超越微信的场景设置功能；同时，QQ 作为即时通信软件，比微博更具效率，非常适合话题讨论等，活跃度高。QQ 社群主要有以下几种类型。

(1) 培训类社群：群视频可以轻松满足视频授课的目的，同时，最新上线的"作业"功能，还可以让讲师第一时间针对学员布置功课。

(2) 分享类社群：群文件提供的空间，可以让成员将内容迅速上传并分享出去。

(3) 知识类社群：群论坛、群相册、兴趣部落可以在及时讨论的基础上，进一步长期深层次讨论。

(4) 娱乐消费类社群：群支付、AA 制收款等功能，可以轻松实现收费、变现的目的。

(5) 垂直类社群：可以通过投票轻松确认线上、线下活动主题。

(6) 地域类社群：通过群活动的快速设置，即可以迅速开展成功的线下见面交流会。

由此可见，地域类、垂直类，乃至产品类、培训类社群，都可以借助 QQ 平台实现场景化社群营销的目的。同时，腾讯公司对 QQ 软件全新的升级与改造，使其社群属性更加彰显。所以无论运营哪一种类型的社群，运营人员对于 QQ 平台都应予以重视。尤其是初创的社群，更是应该将 QQ 平台作为开展社群活动的主要阵地，深度挖掘 QQ 平台的功能和场景，提高社群运营的效率。

2. QQ 的主要特性

1）创新性

创新不是指 QQ 本身是个前所未有的软件，QQ 以前是模仿 ICQ(ICQ 意为 I seek you，也就是"我寻找你"的意思，是一个聊天工具)而来，它不是开创性软件。这里的创新是指它一直在增加新功能，总是在原来的基础上不断更新，紧跟时代潮流，满足社会需求。从原来的聊天工具，到话费的缴纳、火车票的购买、群聊的抢红包、2016 年 1 月上线测试的"厘米秀"，QQ 的新功能不断出现，它与人们生活的联系也越来越紧密。从 2014、2015 这两年版本更新情况看，QQ 基本上一个月更新一次，弥补原来版本的不足。QQ 不断创新，上线新功能，使其在社交软件中的地位更加稳固。

2）满足性

QQ 总是在试图满足用户的某种需要，触碰用户痛点，解决用户问题。它满足人们工作的需要，QQ 邮箱、群文件等功能都为人们的工作提供了便利；它满足了人们生活的需要，QQ 缴费、QQ 购物等使消费越来越方便；它满足了人们表达和交流的需要，QQ 空间成为人们分享生活的常占阵地……不断满足。

不断满足人们的需要，是 QQ 自身的竞争力所在。目前手机都存在一个问题就是内存有限，每一款软件都是在与其他软件争夺用户手机中的一席之地，稍一落后就会被用户卸载。QQ 不断满足用户的需求，建造着自己的 QQ 王国，使人们越来越离不开它。

3）趣味性

QQ 最大的功能可以说是娱乐，笔者曾做过一次调查，访谈了 20 个使用 QQ 的大学生，大部分受访者都表示对 QQ 的娱乐功能比较满足。QQ 的娱乐性重点在于它的趣味性，QQ 的开发团队也在不断开发其趣味功能，比如近几年上线的悄悄话、QQ 抢红包、群内匿名、语音变声、QQ 厘米秀等。QQ 抢红包是专门服务于群聊的，可以说"抢红包"为大多数春节在家的网友新添了一个娱乐事项，使得群内冷清、无话题可聊的情况得以改变。QQ 变声功能加以"萝莉""大叔""惊悚""空灵"等选项满足人们的搞怪心理，增加聊天的趣味性。2016 年 1 月新上线测试的"厘米秀"使得屏幕上的虚拟小人实现两个人隔着屏幕无法实现的动作……QQ 的趣味性使其在通信软件这条路上越走越成功。

3. QQ 群的营销方式

1）"守株待兔"式

"守株待兔"式其实就是直接把自己的群名片改成广告信息。例如，在站长群很常见的"快速代备案""免备案空间""承接网页制作""招 SEO 主管"等等,由于他们的广告只是群名片的名称,并没有直接发广告,所以一般都不会被群主踢出群。这些群名片直接就让人知道了他们的广告信息,由于大家处于同一个行业,有买也有卖,这种群名片广告的做法有时候效果很好,还真的能等到"兔子"。

这种广告方式要注意的是,应该在有限的群名片字数内把广告信息写得精准明了。"快速代备案"也很明了,但不精准,若改成"代备案 2 天过"就好多了,直接就让人知道了你是代备案的,而且 2 天就能通过;同理,"招 SEO 主管"就没有"5K 招 SEO 主管"来得更直接。广告语的撰写是很有学问的。

2)"QQ 表情"式

QQ 表情是大家经常使用的,这可是一个 QQ 群营销利器。"QQ 表情"式,不用解释了,相信大家都明白,也都见过,曾记否,一个很有趣的 QQ 表情,上面还挂着一个网址。要注意的是,不是每一个 QQ 表情都可以做营销的,要是一个 QQ 表情别人看了觉得没什么意义,他就不会收藏、转发你的表情。所以,一个很有趣,很有意思的 QQ 表情才能拿来营销,就像上面那个一样,明知道有网址,还是让人忍不住想转发。

3)"交朋友"式

顾名思义,"交朋友"式就是和对方交朋友,仅仅在群里面聊,难以达到朋友的朋友,聊得开的话,直接加对方为自己的好友,然后,进一步交流,成为朋友。当成为朋友的时候,你觉得推销一件产品的时候还会难吗?广东话有一句俗话——"不熟不骗",说的就是朋友。

4)"助人为乐"式

"助人为乐"式是指平时在群里积极地回答别人的问题,尽可能地帮助别人。坚持一段时间后,相信不仅会让对方记住了你,还会让对方对你产生好感,信任了你这个人。当信任产生,有什么是不可能的?

5)"转发"式

这个营销方式"骗"了不少人,笔者之前也被"营销"了,说出来大家就会恍然大悟。有段时间,QQ 群上经常流传着这样一则信息:"某某家里人重病,正在××医院做手术,家里人想见他最后一面,让他速速回来,有知情者请联系他舅舅,电话:131××××××××。爱心接力,大家帮转!"这则信息里面,出现了××医院,这是营销点所在。

6)"揭秘"式

这种方式,可以用文字的形式出现,也可以用图片的形式传播,其内容都是揭示一些内幕,很吸引人眼球,达到打击竞争对手、正面宣传自己的目的。由于它的内容能让人警醒,所以会让人情不自禁地帮它转发。在当今某两个互联网巨头火拼之际,人们才发现了这种高级的 QQ 群营销方式。不禁感叹,把网络营销运用得最娴熟的还是互联网的巨头们。

3.1.2 微信平台

微信(其图标如图 3.2 所示),是腾讯公司于 2011 年 1 月 21 日推出的一个为智能终端提供即时通信服务的免费应用程序,由张小龙所带领的腾讯广州研发中心产品团队打造。

图 3.2 微信的图标

微信支持跨通信运营商、跨操作系统平台通过网络快速发送免费(需消耗少量网络流量)语音短信、视频、图片和文字,同时,也可以使用通过共享流媒体内容的资料和基于位置的社交插件"摇一摇""朋友圈""公众平台""语音记事本"等服务插件。

微信是一种更快速的即时通信工具,具有零资费、跨平台沟通、显示实时输入状态等功能,与传统的短信沟通方式相比,更灵活、智能,且节省资费。通过微信群就可以实现多人聊天交流,群主在创建群以后,可以邀请朋友或者有共同兴趣爱好的人到群里面聊天。在群内除了聊天,还可以共享图片、视频、网址等。

据统计 2016 年第二季度,微信已经覆盖中国 94%以上的智能手机,月活跃用户达到 8.06 亿,用户覆盖 200 多个国家和地区、超过 20 种语言。此外,各品牌的微信公众账号总数已经超过 800 万个,移动应用对接数量超过 85 000 个,广告收入增至 36.79 亿元人民币,微信支付用户则达到了 4 亿左右。至 2023 年 9 月底,微信与 Wechat 的用户数达 13.36 亿。

微信提供公众平台、朋友圈、消息推送等功能,用户可以通过"摇一摇""搜索号码""附近的人"、扫二维码等方式添加好友和关注公众平台,同时微信还可将内容分享给好友,以及将用户看到的精彩内容分享到微信朋友圈。

2020 年 12 月,iOS 端微信更新至 7.0.20 版本,同时,个人资料页多了一项"微信豆"。2021 年 1 月 21 日,微信更新至 8.0 版本。2021 年 7 月,在新推出的 8.0.8 版本中,微信不仅可以同时登录手机、PC/Mac 设备,还增加了平板设备的同时登录功能,这也就意味着,平板设备在微信的使用逻辑中已经与手机和电脑处于平级,用户可以同时登录的设备数量也达到了 3 台之多。11 月 7 日,微信用户投诉页新增"粉丝无底线追星行为"项。

1. 适合在微信平台开展运营的社群

微信作为个人即时通信工具，与微博相比，其私密性更加突出。例如，微信公众平台所发布的内容，只有关注的粉丝才能直接看到。同时，相比微博的字数限制，微信公众平台可以发布较长的深度内容，因此具备与微博不同的传播模式与效率。那么，什么样的社群适合在微信平台开展活动呢？这里总结了以下三类适合在微信平台开展社群运营的社群。

1) 圈子类

微博主打"半熟社交"，好友之间不一定在现实中相互认识。微信则不同，微信中的大部分好友都相熟，甚至是身边的好友。因此，圈子类社群最合适选择微信平台，例如服务于广告人的大统计软件、服务于教师群体的课程分享品牌等。一旦社群粉丝在朋友圈分享，那么圈子里的人就会第一时间看到，并且选择阅读、关注或者成为粉丝。

2) 产品类

相比微博平台，微信平台的产品类社群更加侧重于深度解析，以活动为辅。尤其是对产品较为丰富、产品更新较快的品牌来说，深度测评、解析类文章非常适合微信平台。微博侧重分享、交流与互动，微信侧重测评、解析，从而能形成各自清晰的社群模式，创造出主题一致、风格迥异的场景模式。

3) 内容类

移动互联网的蓬勃发展，促成了一个全新的名词的诞生——自媒体。独立挖掘选题、独立编辑，挖掘更深层次、主流媒体不易发现的内容，这是自媒体的主要特征。自媒体主打"内容为王"，因此微信平台就成了非常好的传播渠道。

除以上三类社群，其他诸如餐饮类、服务类，同样适合于微信平台。例如，黄太吉煎饼、雕爷牛腩，都依靠微信平台打造出了让人过目不忘的社群场景与社群文化、趣味性、情感属性等，因此微信平台带来的不只是产品，更是其背后所承载的感情要素。当社群用户置身于这样的场景之中，被内容所带动时，用户就会愿意主动分享，从而激发社群活跃度，甚至直接变现，提升销量。

2. 外婆家概况及公众号成功原因

例如外婆家餐厅，外婆家是比较时尚、会接受新鲜事物、走在行业前沿的餐厅。"我们想借微信支付引入移动支付体验餐厅"，外婆家信息部主管表示，外婆家正在大力推广的微信点餐及支付场景："当用户排队等位的时候，微信能自动推送订餐信息，显示各分店信息以及会员卡信息，然后顾客进行支付，自动下单，顾客排到号时就可拿着入口牌，进去享用美食了，不需要进去之后再点餐。"

下面从以下几个方面分析一下"外婆家"公众号成功的原因。

1) 在线点餐与POS端打通

据介绍,外婆家在一次用餐活动中,优惠券金额为6~30元不等,用户参与活动的方法也非常简单方便:关注"外婆家"微信公众账号后,微信支付1分钱,就可获得优惠资格。通过公众号在线点餐功能点餐,微信会将点餐编号推送到店内终端上,服务员通过该编号下单。用户在买单时会自动下发含支付链接的微信消息,点击即可微信支付买单,此时,优惠信息会自动减免。

此外,为了更好地吸引和留住顾客,"外婆家"利用微信开放的接口功能,创新了诸多移动用餐服务。例如,定位查找身边的餐厅信息,通过优惠活动了解餐厅动向,如果有喜欢的菜品,可以直接在线下单,无须到店点餐,俨然一个掌上移动餐厅。

2) 微信平台实现O2O

"很多第三方的支付平台,不能和POS结合,无法形成一个好的闭环",外婆家信息部主管表示,传统商家借助微信平台实现O2O落地,不仅可以提升用户的消费体验,还可为商家带来系统的用户信息管理。"外婆家希望通过微信支付,把中餐做成快餐化,让用户的移动用餐消费更加便捷、优惠"。

"微信是天然的CRM体系,O2O闭环"。外婆家信息部主管认为,会员系统只是对会员进行归类,CRM(客户关系管理)包括顾客的引导、顾客的身份识别,以及对顾客的分类,获取到顾客的信息之后,进行进一步、深层次的营销。将微信的CRM系统和企业的会员系统对接,就可以知道顾客的身份信息,对不同会员等级的顾客提供针对性的服务,这样可以更好地服务顾客、留住顾客。

通过对外婆家公众号的运营解读,我们依稀能够看出外婆家营销活动的下一步走向。这是否意味着,外婆家在不久的将来或许可以实现这样一种场景:我通过微信下单后,得到一个等位牌号,快轮到我时,微信自动推送消息提醒,如果这一天是我的生日,外婆家还有可能有额外的"照顾"?据介绍,目前外婆家会向会员推送节日关怀、生日关怀等消息,还会通过消费订单送积分,未来这类有针对性的营销将会做得更细分化,让用户体验到更高品质的差异化服务。"餐饮业要找准餐饮行业的痛点才能做好,就像腾讯做精品一样,外婆家正是通过微信建立核心竞争力,树立品牌形象,提高知名度的代表",微信事业群微信支付部总监表示。外婆家信息部主管也对"外婆家"公众账号的未来表现出了极大的信心,他表示,除了正在进行地推活动的上海门店,和2017年4月下旬已上线的外婆家深圳店,后续还将接入北京、杭州等超过20家门店,更便利的移动餐饮消费体验已在眼前。

3.1.3 微信与 QQ 加入机制对比

从 QQ 平台可以看到，过去加入 QQ 群的方式有主动式和被动式，但以主动式居多。主动式是自己看到宣传或者利用群搜索功能加入，为了避免一些动机不纯或者不符合群定位的人加入，很多 QQ 群采取了审批加入制。被动式一般是指接到朋友邀请，一冲动就加入了群；更被动的是突然接到一个消息，然后就发现自己已经来到了一个热闹的团队，很多人向你问好，一高兴就先留下了。简单地说，你在圈子里面的名气越大，你被动加入的机会越多，一个群里的牛人越多，大家愿意继续留下的概率也越大。

而对于微信群，一个特别值得注意的点是微信群是模仿了 QQ 的讨论组架构，组员都可以拉自己认为需要的成员进入，不需要得到组创建者的同意，这点设置的区别，使得微信群在人员发展上和 QQ 群有本质不同，如图 3.3 所示。

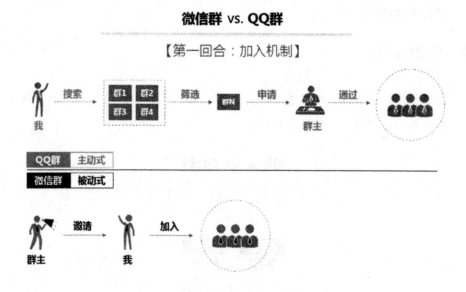

图 3.3　微信群和 QQ 群的加入机制对比

微信群是链接扩散机制，可以随时建群，随手拉人加入，成员地位基本平等。QQ 群成员数量有限制，管理员权限和非管理员权限明显不同，是准入审批机制。

3.2　信息呈现

社群的可视化就是将信息、数据转化为便于理解记忆交流的图文、视频等。所以，为了让外界和群员更方便、直观、有效地接收到社群的有关信息，并便于检索，我们需要进行社群的可视化，将信息直观呈现。

3.2.1 社群可视化

人的可视化,也就是我们价值的可视化,如果我们不是颜值特别高的,往那里一站,而什么都不做的话,别人是看不到我们的价值的。

但是用一种特殊的自我介绍,就可以让我们的价值可视化,格式如下:

名字-坐标-职位-能提供的资源或者价值

社群的可视化,是社群价值的可视化,因为运营过社群的人都会面对一个高频的问题,就是别人问我们:你们这个社群是干什么的?说白了,就是我们的社群能提供什么价值。

还有社群的运营的数据可视化,比如新增用户数、流失用户数、活跃用户数、群总用户数、群总数、群消息总数;还有比较重要的,社群成员讨论的热门话题是什么,要知道这也是分析需求的一种途径;当然还有更尖端的内容,就是群用户画像,有了这些可视化数据,精准营销就水到渠成。

3.2.2 信息呈现

关于信息呈现,微信群的产品逻辑是基于时间流,而 QQ 群是基于主题,前者适合移动通信,后者扎根桌面时代,如图 3.4 所示。

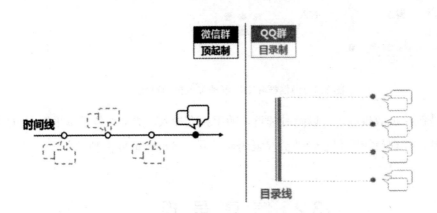

图 3.4 微信群和 QQ 群的信息呈现对比

例如,微信群组建立后如果你不加入通讯录,那么在微信的产品逻辑里你会自然沉没到底部,再也不出现——如果把你微信聊天记录串联起来,你看到的是一个沿着时间流不断滚动的聊天记录,有些人在一段时间内和你交流过,然后就再也没有对话,同样有些群组因为当时需要，建立连接，交流完毕就不再有保存的价值——也正因为如此，微信没有设置导出聊天记录的功能，也没有限制你可以加入群组的上限。在时间流里，你进入各种群组的上限本来就是无穷的，你的信息都直接存储在云空间，没有导出保存的必要。

也正因为微信群是时间流，所以用微信做在线分享或者主题讨论，很多人的体验并不好，经常会遇到这样的建议"我们成立一个 QQ 群去聊这个话题吧"。为什么会这样？就是因为基于时间流的交流出现在顶部的永远是最新的通信记录，这会导致你的对话不断地被其他通信信息打断，失去了连续性。

这也就导致微信的入群模式很随机，大多是以某一个场景建立，场景结束，群也就随着时间流湮没。比如今天我们要一起吃饭、一起上课就临时建立一个微信群组，有什么信息在其中通报一下，等事情结束，这个群组就让它随时间湮没。当然有些群组觉得有保留的必要，也可以慢慢扩展，引入更多人保持它的活跃度。

比如在每一期《怪杰》互联网节目里，如图 3.5 所示，都会请现场观众建立一个微信群组，为现场的选手表现打分，等节目结束后，大家就可以自愿选择留下还是退群，这种群就是基于某个特定场景创建的。

图 3.5　《怪杰》节目

但是 QQ 群是基于主题建立群组，可以开设多个小窗进行定点交流，这种环境显然更有助于多人在线就特定主题互动，但这种开设小窗的设计必须要求设备有足够大的屏幕空间，这显然是移动设备目前难以支持的。

这也就使 QQ 群有一个特别重要的好处，那就是在桌面端可以同时开几个窗口，这意味着可以分头响应，微信群消息反复刷屏，导致不得不按时间响应，而 QQ 群可以按分组响应。

造成这两者许多区别的原因是，两者"基因"不同，应用的场景也就不同，对应的设置和玩法也就有区别。微信是一款基于移动场景的产物，是专为手机而设计的，QQ 虽然也有手机版，但本质上是电脑端的延伸。

3.3 管理工具

既然是选择平台对社群进行维护，那么少不了的就是这个平台所提供的管理工具。

如果将微信群和 QQ 群做对比，QQ 群显然稳占上风，如图 3.6 所示。

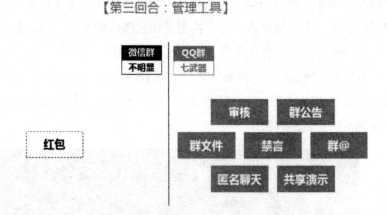

图 3.6 微信群和 QQ 群的管理工具对比

微信群基本上没有所谓的管理工具，唯一可能让人津津乐道的是红极一时的抢红包。

QQ 群也可以发红包，只是大家现在习惯了微信红包的玩法，但是在功能上，QQ 群一样可以做到，所以这个功能并非微信独有。

而 QQ 群的管理工具可就多元化了。在第 1 章我们在讲解社群的构成要素以及第 2 章群消亡的七宗罪时，谈到过很多重要的细节，比如社群要有仪式感——QQ 群有入群申请；比如社群要有奖惩——QQ 群有红包、禁言；比如社群要有价值——QQ 群有群共享演示做分享、有群文件共享宝贵资料……

为了让大家更清楚地明白 QQ 群的这些管理工具，下面我们来详细介绍一下"QQ 群管理的七大武器"，读者阅读后可以去实操感受一番。

武器一：审核

加入 QQ 群需要审核，提交申请要写明入群的原因，这是通过把控入口来控制成员质量，只有个体质量上去了，整体的质量才能有保障。

更重要的是，当你的审核通过后，会自动收到一条通知(参见图 3.7)，管理员可以在上面写好关于本群的文化、群规等，加入这个社群意味着认同这个社群的文化。如果觉得不能接受,从一开始就可以选择退出,而不必起冲突后才发现自己不认同。

图 3.7 QQ 群的弹出通知

当然了,不同风格的社群,入群通知的文风和内容都不一样,你得看看你是什么定位。这样的流程,会营造一种氛围,那就是入群的"仪式感",而且有一种"终于进来了"的感觉,人们潜意识里对进入这样的社群感到更加珍惜。所以一个社群的归属感,是需要一点点仪式感的。通过这些功能营造出来的仪式感,微信群很难做到。

武器二:群公告

群公告包括群内重要的活动通知、通报等,这个功能微信群没有。

武器三:群文件

群文件包括重要的资料、电子书、照片,方便集体下载与保存。哪怕我是后来加入的,也可以看见并下载曾经上传的文件,这个功能微信群没有。

武器四:禁言

一种是全体禁言,一般适用于管理人数过多的群,比如为了减少对其他成员的骚扰。另一种是个人禁言,可以作为个人惩罚的一种方式,这个功能微信群没有。

武器五:群@

在群里发的某条重要消息想不被其他信息淹没?管理员可以使用群@提醒所有成员(每天使用的次数有限),这个功能微信群没有。

武器六:匿名聊天

有个朋友告诉我,他的高中同学群随着时间推移和工作繁忙早已沉寂了很多年,但是匿名功能推出后有活跃分子带头玩了几次，这个群竟然从此起死回生，活跃得不得了。比如，玩匿名聊天的时候经常会提起曾经的许多事，勾起了大家的怀念。

匿名聊天在交流的时候不知道对方是谁，于是就有各种好玩的对话，是激发群活跃度的神器。比如，笔者见过一次匿名聊天，几个人利用某话题把群员带进来后，正聊得火热之际，管理员恶作剧地通过设置，突然取消匿名聊天……瞬间相互吐槽找到了很多有趣的话题，热闹非凡。

再比如，线下我们常玩的"天黑请闭眼"的游戏，利用匿名聊天就可以用QQ群玩了，不再受时间和空间的局限，玩得不亦乐乎。

但同时也要注意，如果社群比较大，文化还没建立起来，匿名聊天后，人的本性会暴露出来，要谨慎应对由于粗俗语言带来的负面影响。

武器七：群共享演示

为了使线上的群分享更加多元、直观，使用"群通话"应用中的"PPT 演示"功能，就可以实现语音加 PPT 演示的群分享，非常方便。

其实这个功能的好处不仅仅是对于线上，对线下的分享、会议也是非常有用的。职场中经常遇到需要远程演示 PPT 的情况，尽管远程会议的应用已经五花八门，可是安装软件成本高，对于普通用户来说门槛实在太高。只能一边用语音工具讲内容，一边告诉大家在讲第几页的哪一部分内容。如果遇到双方信息不同步的问题，就会非常尴尬，也影响效率。

而 QQ 群共享演示 PPT 只需用一台电脑，并利用几乎每台电脑都必备的 QQ 客户端就可以实现演示内容同步显示、多方语音实时通话等功能，打破了地域的限制。另外一般的远程办公软件都需要烦琐的设置操作，如果不是专业人士很难实现快速部署，而 QQ 群新上线的这个功能则只需进入大家都熟悉的"群通话"入口，单击"演示 PPT"按钮即可，非常便捷，很好地解决了这个问题。不过目前群演示还不能支持太多人同时在线，这还是个缺憾。

3.4 运营特征

粉丝经济以情绪资本为核心，以粉丝社区为营销手段增值情绪资本。粉丝经济以消费者为主角，由消费者主导营销手段，从消费者的情感出发，企业借力使力，达到为品牌与偶像增值情绪资本的目的。社群经济的结构是多点之间的相互连接，强调的是凝聚力，缺失一个，并不能瓦解整个结构，这是一个可以自行运转的生态系统。

3.4.1 微信营销

据腾讯用户数据显示，微信营销一年多来，微信用户数已达 7 亿。毫无疑问，微信已经成为目前最热门的网络聊天工具，发展空间仍然十分广阔，受众群体的覆盖面随着智能手机的日益普及，微信逐渐从高收入人群中流行起来。现在，微信已经占据中国智能手机软件市场的主导地位。

未来的智能手机不仅可以拥有电脑端所具备的任何功能，而且可以方便地携带。凭借移动终端、微信自然的社交网络和地理位置优势，将为商家的营销带来极大便利。

信息交流的互动性更加突出，微信具有很强的互动时效性，无论你身在何处，只要带上手机，就可以轻松地与客户进行良好的互动，能够获取更加真实的客户群。博客里有太多不相关的粉丝，这并不能真正给你带来几个客户。但是，微信用户必须是真实的、隐私的、有价值的。

通过微信可实现点对点精准营销。微信拥有庞大的用户群，借助移动终端、社交网络和位置定位等优势，每一条信息都可以被推送，从而让每个个体都有机会接收到这些信息，进而帮助企业实现点对点的精准营销。而且形式灵活多样，如通过漂流瓶：用户可以发布语音或者文字，然后将其投入"大海"中，如果被其他用户"捞"到，就可以与其展开对话。下面简要介绍几种信息推送形式。

(1) 使用位置签名：商家可以利用"用户签名档"这个免费的广告位为自己做宣传，附近的微信用户就能看到商家的信息。

(2) 使用二维码：用户可以通过扫描识别二维码来添加朋友、关注企业账号。企业则可以设定自己品牌的二维码，用折扣和优惠来吸引用户关注，开拓 O2O 的营销模式。

(3) 使用开放平台：通过微信开放平台，应用开发者可以接入第三方应用，还可以将应用的 Logo 放入微信附件栏，使用户可以方便地在会话中调用第三方应用进行内容选择与分享。

(4) 使用公众平台：在微信公众平台上，每个人都可以用一个 QQ 号码，打造自己的微信公众号，并在微信平台上实现和特定群体的文字、图片、语音的全方位沟通和互动。

案例：餐饮微信营销实战

民以食为天，几乎每个人都是餐饮行业的忠实用户。中国人又喜欢请客吃饭，期待建立起更稳固的人际关系，所以在餐饮行业这个大蛋糕中，每个商家的竞争也日益激烈。特别是近年来，我国餐饮业发展迅猛，日新月异，各种风味特色，各种经营形式，各种组织结构的餐饮企业星罗棋布，但"竞争激烈，生意难做"也成了餐饮业的"流行病"。餐厅越来越多，消费者越来越挑剔，现在大家又更注重食品安全、养生、健康，那么怎样才能让消费者快速找到满意的餐厅，消费者对餐厅和用餐过程是否满意……这些看似微不足道的细节却影响着消费者对餐厅的印象。

现在使用微信就能帮助解决餐饮行业面临的消费者忠诚度低、回头率低、消费者流失严重等一系列问题，有效提升商家客流量、消费者到店率、回头率等指标，实现营业额的大幅提升。

对于餐饮行业，微信公众平台是一个实用的"活菜单活地图"。微信平台公众号时代的来临，使餐饮行业发生了天翻地覆的变化。

3.4.2 QQ营销

（1）寻找目标。根据关键字在 QQ 群搜索或者搜索引擎里搜索"目标群"，比如健康群、养生群、保健群、广州健康群等。

（2）根据群人数、群活跃度、地域进行筛选，活跃度不高的群说明群成员对群感情不深，信任度也不深；相同区域的群成员可以举办线上和线下的活动进行推广宣传。QQ 可通过 4 个维度实现精准定向，如图 3.8 所示。

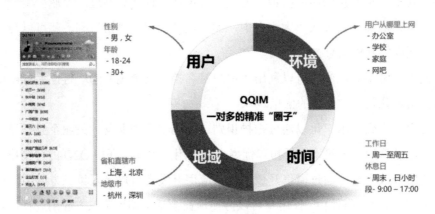

图 3.8　QQ 的 4 个维度实现精准定向

（3）验证消息要真诚，带有感情色彩，与群主题相关。

（4）加群是一件枯燥的事，也常会遇到拒绝。遇到拒绝但是又必须加入的群，可以隔天换个昵称或者号码重新申请加入，保持天天有群加。

（5）渗透群与群主进行互助合作，同时可以与群活跃成员成为好友，互助互利。

3.4.3 微信群和 QQ 群的对比

微信群与传统 QQ 群在运营上有两点不同的特征，如图 3.9 所示。

微信群 vs. QQ 群

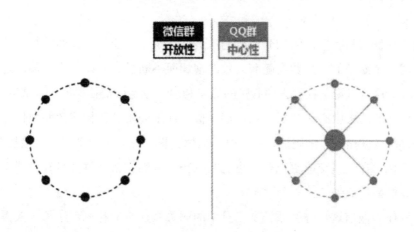

图 3.9 微信群和 QQ 群的运营特征对比

第一是开放性，微信群更多看重加入者的横向连接，而不是围绕某个中心者的地位，QQ 群的创建者是天然拥有这种中心地位的，因为他有相当多的特权。

第二是多样性，因为微信不限制个人加群组的数量，而且这些群组的管理是放在信息时间流里，一个群组聊够了，自然沉没，如果你不进去发言，这个群组可能就再也不会顶到前列。

所以，微信的模式更倾向于随时连接，随时聊天，聊完就让群自然下沉甚至淹没，而不是 QQ 群给我们的需要长期管理运营或放在控制面板进行维护的感觉。这种机制自然导致微信群更多样化、更随机化、更碎片化、更临时化。

3.4.4 微信和 QQ 社群定位

社群定位是一个非常关键的环节。如果你做商业运营，你就必须了解你能为他人提供什么价值？在社群建立之初，你通过层层筛选找到所需的用户，所以他(她)是你的准确用户。如果用户能够进入这个社群，这表明他(她)对这个社群有需求。社群的价值和目的必须是解决用户的问题，从某种意义上说，这样的社群可以成为一个成熟的社群。

1. 微信的优势因素

微信的崛起带动了社群经济的发展，使社群成为企业和用户建立生态链(进行品牌宣传、收集使用反馈、增强用户黏性)的便捷通道，其优势因素如下。

(1) 微信用户的基础坚实。微信已成为中国最强大的社交工具之一，囊括了人际、群体、大众等传播方式，接近一半活跃用户"拥有超过 100 位微信好友、超过 10 个群组。57.3%的用户通过微信认识了新的朋友，或联系上多年未联系的老朋友。"截至 2015 年，有80%以上的网民使用微信进行交流。微信，这一基于强关系、强交互、强到达的超级社交工具，已经在我国移动互联网端十分普及。微信因其依托着大量的活跃用户而引领了社群时代的到来。

(2) 微信社群的私密性，例如微信群无法进行搜索，只能是好友间的相互邀请才能添加，所以，同一个圈子的用户数会随着人数的增加而不断扩大。在每个人加入之前就已经被筛选过一次，这可以说是社群去中心化的完美利用，也是微信社群的一大成功之处。

(3) 微信社群的去中心化和弱关系连接，极大地削弱了社群构建者的地位。在群人数低于100人时，可以扫描二维码进入；同时，微信群里的任一用户都可以直接拉朋友加入，结构十分扁平化，在这里交流更充分，也更加顺畅。虽然微信社群并没有设置审核者，但每一个社群成员都是把关人。

微信社群作为微信这一强关系社交工具中的弱关系连接的补充，给每个人提供了充足的交流空间。马化腾提出"互联网就是连接+内容"，而此处的连接往往是指这种弱关系连接。具有相同属性标签的一群人，大家可能来自世界各地，却齐聚在同一个平台，各自扮演着各自的角色，形成了一个"无组织的组织结构"，给社群提供了极大的讨论空间，也给社群成员共同完成某些事情提供了可能。

(4) 微信资源平台的外在依托。微信社群的出现，弥补了微信在群体传播方面的劣势。同时，微信平台也为微信社群提供了强有力的支持：朋友圈是微信社群吸引首轮用户的温床；微信公众号是微信社群用户裂变式增长的关键；微信在移动支付上的布局，也为微信社群提供了强有力的用户变现的技术支撑。

2. QQ群的营销优势

从宏观上看，QQ群营销优势主要有以下几点。

(1) 即时效果：它可用于推广短期的活动，因为QQ群中总有一批用户时时在线，并且也接受群信息，所以营销广告如果像聊天信息一样发布后，用户立即就能看到，也就相当于及时将营销信息通知给了用户。由此观之，除了门户广告能够达到这种效果，搜索引擎营销、论坛营销基本上都达不到这种效果。

(2) 互动性强：QQ群营销可用于新商品的市场调研活动。论坛营销也有这样的互动性，但互动速度略慢，且搜索引擎营销互动性也较差，QQ群营销因为依赖于群，所以每当信息发布后，可以与用户紧密互动，收集用户对产品的建议，或者引导用户了解、购买产品。

(3) 效果可追踪：QQ群营销可应用于电子商务类网站的广告营销，也可以用于了解不同群体对同种商品的反应度和热衷度。

操作方法：在QQ各功能中附加上网页链接，并在登录页中加入用户行为跟踪程序，这样就可以计算出用户互动的最终效果。

(4) 精确定位：QQ群营销可应用于任意营销行为。QQ群营销是典型的按用户生活习性特点分群的,所以 QQ 群营销可以精确定位。有 QQ 号,并且经常上网的人,都是年轻的、高消费的群体,商业信息很容易取得较好的效果。不会像传统媒体那样,面对泛泛的受众,大量的广告费被浪费。现在很多高消费的房地产广告,也会进行群营销,由此可见其影响力。

(5) 形式多样:QQ 群营销可用来做整合营销,组合式宣传,也就是 QQ 群营销与链接结合,利用网页进行二次营销,

3. QQ 群与微信群的对比(含 QQ 讨论组)

经过以上对比,我们看出 QQ 群与微信群的诸多不同。

我们可以看出在社群管理与运营方面,QQ 群的范围与优势确实要比微信大一些,而且微信的很多功能在 QQ 群都可以实现,比如刚才我们提到的红包。而 QQ 群的诸多优势,微信都没有,比如上一节我们谈到的七种武器,如图 3.10 所示。

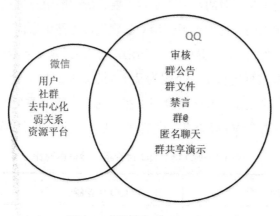

图 3.10 微信和 QQ 的对比

所以 QQ 群更全面一些,它既有自己本身独到的优势,也有微信的很多特点,其中一个典型的代表就是讨论组。

微信群的时间流特点是在某些场景下也有自己的优势,而 QQ 群的讨论组更像是 QQ 群与微信群结合生出的孩子,具备一部分 QQ 群的功能。例如语音、视频、传输文件等,也具备微信群的功能,基于时间流的特点,具有临时性。

但是 QQ 群在电脑上的聊天记录,不会同步到其他的电脑上,只有讨论组才是云存储的,QQ 群依然保留了当初桌面端软件的使用习惯,为了保证信息安全,要查阅全部的历史记录还需要设置漫游记录,用密码登录才能够查阅,这是比较烦琐的。

也就是说 QQ 群更适合固定桌面端的交流,所以 QQ 群对文件共享,对视频分享的支持更强大。

功能同样都是聚集一群人聊天,已经有 QQ 群了,那么 QQ 讨论组的意义何在呢?

QQ 讨论组的基本功能表面上和 QQ 群接近,但是它更接近微信群组的逻辑,如果我们

只是需要对某事情临时碰撞一下，那么开一个需要长期维护的群就没有必要，而开一个讨论组，大家都可以拉需要的人进来，话题聊完，讨论组就可以退出关闭，消失在时间流里。

比如某课程相关的各种群成员加起来也有上万人了，这些群里有分享、有吐槽、有互动、有爆照(也称曝照)……但是，在几个相关的讨论组里，只有工作，聊完了就停止，所以讨论组一闪，相关成员都会重视。另外，有与工作相关的事情，随时可以跟几个核心成员开会，有人不在或者想回顾重点，由于里面没有多余的信息，查阅起来也非常便捷。

QQ讨论组和微信群都有一个QQ群没有的功能，无论你在移动端，还是在桌面聊天的记录，都可以在群内看到历史消息。而讨论组又有很多QQ的优点，所以综合评判下来，很多细节上其实也比微信群更好用。

所以，如果你是为了商业目的建立的群，那么更适合创建有明确主题的群，更适合在QQ建群。现在很多人有一个错误的观念，那就是认为微信火，大家都在微信上活动，就应该建立微信群，这个逻辑是不对的，主要还是需要分析你的用户群是否更适合在微信互动，如果你的用户层都是中高层，他们不习惯用QQ聊天，当然用微信群更好。

经过对比我们可以看出，QQ群更像一个组织，产品逻辑上本身就有加入申请流程、群管理员的概念等；而微信群更像是一个因为某个主题而集合的聚会，可以任意由群内的成员邀请更多人加入，经常是由于某一话题叫来相关的人进行一番交流，聊完就散。

下面，我们将QQ群、QQ讨论组、微信群三者作一个全面的对比，如表3.1所示。

表3.1 QQ群、QQ讨论组、微信群对比

对比项目	QQ群	QQ讨论组	微信群
规模	现在购买超级会员，即可组建4个超级群，每个群2000人。500人群随意建，1000人群8个	正常可以创建50人群，根据会员等级不同增加。创建的组数目前没有限制	早期只能创建40人群，群数量没有限制，现在普通用户可建立500人
数量	低于500可创建多个，不超过好友剩余上限	随时创建没有限制	随时创建没有限制
结构	金字塔结构 有一个群主，群主可以设立管理员，只有通过管理员才能入群	环形结构 有创建者，每个人关系平等，都有邀请权限。创建者可以踢人	环形结构 有创建者，每个人关系平等，都有邀请权限。创建者可以踢人
权限	群的管理员拥有更大权限，可以语音视频传文件	群员之间权限平等。只有创建者能踢人，邀请制度。可以语音删除和传送文件	群员之间权限平等。只有创建者能踢人，邀请制度
玩法	有匿名、群等级、改名、群@、禁言等各种玩法，支持红包	更多为工作设置，没什么玩法	主要为红包

续表

对比项目	QQ 群	QQ 讨论组	微信群
共享	可传文件，有公告板，相册，文件共享，基本不屏蔽其他网站键接	可传义件、链接，无文件共享，无演示共享，无公告板	传文件效率不高，屏蔽部分链接(比如淘宝)

综上所述，QQ 群比微信群目前更适合社群运营，主要理由有以下 8 点(参见图 3.11)。

(1) QQ 群覆盖面更广，不管是哪个年龄段的人，基本都有 QQ 号。

(2) QQ 群容量可以超过 500 人，一直到 2000 人，规模优势明显。

(3) QQ 群有灵活的管理手段，比如名片、禁言、群发消息等。

(4) QQ 群桌面交互功能更强，支持多群同时互动；而微信群是不支持多群多窗口同时进行互动的。

(5) QQ 群基本对链接没有设置屏蔽，对网络跳转兼容性比微信更好。

(6) QQ 群可以显示群员在线与否，有助于某些场景群员间的互动。

(7) QQ 群对文字分享和交互参与的支持更好，进行群分享的内容可以很快汇总打包变成对外传播的文字分享版。

(8) QQ 群群主和管理员拥有管理群员的权力，对大社群的运营，如果群主和管理员没有足够权力管理群也是很麻烦的。

图 3.11 内外部对比示意图

3.5 其他社群工具简介

社群是一个需要从社群结构、社群规则等方面共同解决的系统工程。许多人创建的社群根本不能称其为一个社群，为什么？因为从系统的角度来看，系统是由一组相互连接的元素组成的,它可以实现一个整体的目标。许多社群都有元素,但没有连接,更不用说目标了。

3.5.1 YY

　　YY 语音分享是当下比较常用的群组学习工具,也是目前唯一支持万人加群的平台,其标志如图 3.12 所示。

图 3.12　YY 语音的标志

　　YY 语音有两种模式。一种是游戏工会,支持群内再分组,这是典型的金字塔式管理架构。另一种是在线学习群,这种群组的成立往往主题非常单一,老师做在线分享,群员在线学习和交流,互动多是老师和学生之间交互,群员之间的互动非常少。

　　如果群员之间建立了认同,变成好友,他们会选择互相加 QQ 群或者微信群。

　　YY 语音无法摆脱工具定位,不能附加最有价值的社交关系。

3.5.2　阿里旺旺

　　淘宝聊天工具阿里旺旺也有群功能,可以针对有兴趣的游客买家或老用户进行促销和维护,可快速导流到店铺中,快速群发优惠信息,跟大多数群的性质一样,它只针对淘宝商户推出一些相关的功能。阿里旺旺的标志如图 3.13 所示。

　　这种群适合重复购买商品的忠实粉丝,使其不会错过促销信息。

　　买卖在网上沟通,可以看得见听得到!不仅可以即时文字交流,还可以语音视频。如果想要在网上谈买卖,没有阿里旺旺的网上交易,只能通过 E-mail 和页面留言联系对方。阿里旺旺提供了四种买卖沟通方式,彼此面对面,能增加信任、促进交易!即时文字交流,直接发送即时消息,就能立刻得到对方回答,了解买卖交易细节。语音聊天打字太慢,电话太贵。阿里旺旺有免费语音聊天功能。想和对方自由交谈,只需拥有一个麦克风。视频聊天影像可以做到眼见为实,想亲眼看看要买的宝贝,只需拥有一个摄像头。使用这个免费视频影像功能,可以安安心心买到心仪的宝贝。离线消息即使不在线,也不会错过任何消息,只要一上线,就能收到离线消息,确保询问"有问有答"。

图 3.13　阿里旺旺的标志

3.5.3　小红书

小红书是一个以生活为区块,以客户自主为链条的类似区块链的社交消费软件,以用户原创内容为业务,以吸收爱好相似的消费者为宣传手段,其标志如图 3.14 所示。

图 3.14　小红书的标志

通过用户的自主分享与推广,小红书吸引了大量粉丝,体现了众包(crowdsourcing)时代的宣传优势。小红书以自营及第三方电商平台为盈利手段,使小红书能在短期内瓜分淘宝、天猫、京东等平台的市场,并填充了海外购物的市场,为用户提供保税服务,实现了与用户的双赢。

2019 年 4 月 19 日《人民日报》对小红书模式表示肯定,称用户自荐的进口商品拉动了消费购买力。在小红书上,用户在消费的物品之外,更注重消费体验的分享,让口碑成为品牌升级的驱动力，也让"内容种草"开始流行。

这种兼具分享与购物等功能的平台，在一定程度上激发了用户的购买欲。如果平台上有购买链接，用户购买的可能性会更大一些。

小红书起初是为了满足用户对高品质生活的追求而设立的一款能进行旅行购物分享的软件，具有追求高品质生活的目标的人群使其积累了大量的好口碑。

小红书发展的第二阶段是在大量用户和优质口碑的基础上，建立起了自己的"福利社"，为用户提供了保税仓和直邮海外物品的服务，为第三阶段的发展提供了资本积累。

小红书目前在自营的基础上，还加入了第三方电商平台，丰富了自己的商品，扩大了自己的合作平台和消费市场，减小了第二阶段的团队压力，在满足了粉丝信息与商品需求外，还保证了自己的市场利润和供应链平衡，在电商企业中具有社群营销的优势，在社交软件中具有购物平台的便捷，符合高质量生活的人群需求。

小红书在满足用户信息需求的基础上，逐渐演变为用户主动分享信息的平台，再利用口碑和社群优势，逐渐发展自营"福利社"，随后，扩大自己的营销平台，加入了第三方电商平台，总体来看，小红书有以下商业模式特点。

（1）小红书有自己的战略目标。用户自行引导新加入客户，以满足新用户的需求。小红书的初衷只是分享消费，随着用户需求的增长，便形成了以客户需求为向导的引导型消费。此处引导，是基于客户需求的引导，并不是小红书自发地为了盈利而引导，所以满足了约70%的女性需求，从而积累了大量优质口碑，为小红书的后续发展提供了战略性路径。

（2）小红书具有社群营销的运营模式。小红书是一家大型的社交电商平台，是一款将社交软件与电商平台相结合的具有众包特性和区块链特点的 App。小红书对老用户的生活进行标记，并将其分享在网络上，在与新用户产生需求共鸣的时候，便快速吸引新用户，新老用户之间的交流，以及用户自行分享的笔记使小红书形成了众包平台，满足了各用户的隐性需求。

（3）小红书具有闭环式的盈利模式。小红书实行福利社和会员制，在郑州、上海、深圳等地建立的保税仓可满足用户海外购物的低价需求。用户的标记还可启发用户正确的消费观和消费趋向，为客户提供了很大的便利。小红书的会员制可使会员获得商品会员专享价、限量商品优先购、专享客服通道、免运费等会员特权，从而增加客户黏性。根据用户的标记提供用户消费渠道，形成了闭环式的盈利模式。

（4）小红书具有强大的后台技术支持。具有相似需求的用户之所以能形成区块，离不开在大数据中的信息搜索。用户需求种类繁多，后台技术将其自动归类，具有标签式的搜索引导，使用户能快捷地搜索到需求商品。小红书还会根据用户的消费偏好自行提供相关信息，以便快速满足消费者需求。

小红书利用信息聚集用户，并利用用户引导消费。小红书起初是满足海外购物的问题，但随着信息覆盖面的增大,小红书的流量迅速增大,具有相同需求的用户利用小红书交流沟通之后,就可提相关商品的隐形信息,使用户买到心仪商品。

小红书在信息分享的过程中,解决了信息不对称、语言交流障碍等问题,给用户提供了极大的便利。小红书"自营+第三方电商平台"的社群营销,丰富了市场的交易渠道,扩大了市场的就业机会,提供给海漂人员分享外国购物经验的机会,增大了国内外的市场交易额,满足了创始人、第三方电商平台、用户、外商、物流等多方的需求,可谓一举多得。

小红书具有多元化的信息分享途径,用户可通过手动笔记、视频直播、动画编辑等形式进行分享,除了粉丝之外,用户可通过直播形式增加用户自己的粉丝,称其为博主。博主拥有的粉丝量越多,就越有可能满足商家的营销条件。这种形式除了可以营销商品外,还可以营销用户(博主)自己,具有多层盈利环节,层层相扣。

3.5.4 微博平台

微博平台(其标志如图3.15所示),汇集了大量明星、品牌与草根人士,因此如果社群的活动众多,受众群辐射全国,那么微博显然是最佳的选择。通过官方账号可发布活动、预告等,引导社群进一步转化互动,甚至可以直接发起大规模营销活动,这是微博平台的突出优势。

图3.15 微博平台的标志

微博的平台场景建设,主要侧重于粉丝、兴趣爱好,并且不被地域限制。同时,微博用户还会不断创造原创内容,这有利于社群的内容传播,出现裂变式效应。在特定兴趣和特质的关系群体中通过信息的交流与互动,进行信息分享、价值互通和增值,会给微博平台带来非常丰富的场景。

与社群用户进行丰富互动,是微博平台的主要社群运营模式。除了基础转发,在微博平台需要做的工作还有很多。微博平台具有转发、话题讨论、分享和有奖转发的功能,从而更好地服务于社群。

(1) 转发:发现热门话题,一键转发,吸引更多网友互动,从而给微博用户曝光的机会,尤其是品牌忠实粉丝关注的内容。

(2) 讨论话题:设定话题,鼓励网民多讨论,例如临近"十一"长假时,可发起"#随手拍美景#"的话题。

(3) 分享：每天发布与品牌相关的内容，例如"×××品牌你不知道的小秘密""轻松动手，让手机变行车记录仪"等，给社群粉丝带来惊喜。

(4) 有奖转发：定期发布有奖转发活动，给予粉丝一定的物质奖励，并借助参与者的"@"功能，吸引新的粉丝，扩大社群规模。

3.5.5 知乎

知乎是一个中文互联网高质量的问答社区和创作者聚集的原创内容平台，于2011年1月正式上线，以"让人们更好地分享知识、经验和见解，找到自己的解答"为品牌使命，其标志如图3.16所示。

图3.16 知乎的标志

知乎凭借认真、专业、友善的社区氛围，独特的产品机制，以及结构化和易获得的优质内容，聚集了中文互联网科技、商业、影视、时尚、文化领域最具创造力的人群，目前已成为综合性、全品类、在诸多领域具有关键影响力的知识分享社区，建立起了以社区驱动的内容变现商业模式。

知乎以问答业务为基础，经过十多年的发展，已经承载为综合性内容平台，覆盖"问答"社区、全新会员服务体系、机构号、热榜等一系列产品和服务，并建立了包括图文、音频、视频在内的多元媒介形式。

准确地讲，知乎更像一个论坛：用户围绕着某一感兴趣的话题进行相关讨论，同时你可以关注和你兴趣一致的人。对于概念性的解释，网络百科几乎涵盖了你所有的疑问；但是对于发散思维的整合，却是知乎的一大特色。知乎鼓励在问答过程中进行讨论，以拓宽问题的发散性。鼓励答案的非针对性，鼓励答案的维基(Wiki)百科可参考性。

比论坛更加具有排他性，在知乎的每一个注册用户都有一个人员排名(person rank, PR)，你的每一个操作都将直接影响你个人的PR值。在回答的时候，答案顺序按赞同票数排序，赞同票数相同的情况下按个人PR值排序，同时隐藏被认为无效的答案。这在一定程度上过滤了相当的垃圾信息。

知乎曾经坚持严格的邀请制度，一来是为了确保用户实名身份的真实性，二来避免产生过多的垃圾信息。实名可以方便用户有的放矢地向你感兴趣的人提出疑问,这是当初韩寒推出的《独唱团》(后来停刊)中一个相当有意思的栏目,"所有人问所有人",换句话说,这就是现实版的知乎。同时,知乎严格的邀请制度也使知乎笼罩着浓郁的严谨氛围。

知乎满足用户分享的欲望,同时满足了个人建立威望的人性需求。

知乎抓住了人性中的一个优点:分享。人其实是渴望分享的动物,好事物没有人分享就好比女人穿着件漂亮衣服却没有人问她在哪里买的一样难受,用户之所以在知乎上如此活跃是因为知乎正好给了他们一个高质量的分享舞台。

当然,分享的前提是高质量,最好是激起你回答的欲望乃至不回答都不舒服的问题;再者,这个分享其实也是有回馈的,他能让你建立威望。你回答得越多,就越显得你知识渊博,你的威望就越高,这恰好符合了马斯洛的需求金字塔中最高层次的需求——自我实现的需求。

如果说微博等产品是满足了人的社交(社会关系)需求的话,那么知乎等问答社区则是满足了人的最高层次的两个需求:尊重(社会承认)和自我实现的需求。尤其是在这个"往来无白丁"的精英社区,当回答的问题被专业人士、名人所"赞同"和"感谢"时,用户顶层需求的强烈满足感比其他任何激励措施都更加持续有效。

本 章 小 结

本章首先介绍了常见的社区平台QQ和微信,并对比了QQ和微信的加入机制,然后介绍社群平台的信息呈现、管理工具和运营特征,由此引出哪些平台更适合做社群运营,最后介绍了另外两个社群工具(微博和知乎)。

相关法律法规

《中华人民共和国网络安全法》有关网络信息安全的第四十六条规定:任何个人和组织应当对其使用网络的行为负责,不得设立用于实施诈骗,传授犯罪方法,制作或者销售违禁物品、管制物品等违法犯罪活动的网站、通讯群组,不得利用网络发布涉及实施诈骗,制作或者销售违禁物品、管制物品以及其他违法犯罪活动的信息。

第四十七条规定:网络运营者应当加强对其用户发布的信息的管理,发现法律、行政法规禁止发布或者传输的信息的,应当立即停止传输该信息,采取消除等处置措施,防止信息扩散,保存有关记录,并向有关主管部门报告。

思 考 题

选择一个你喜欢的除了本书提到的社群平台,分析其具备的特性:
1. 这个平台的受众是谁?
2. 它的一个群组能容纳多少人?
3. 它和别的社群有何不同?
4. 它的模式是如何运行的?
5. 它是否支持文件共享?
6. 它是金字塔结构还是环形结构?

第4章

从无到有建社群

　　互联网流量红利逐渐消失，不管个人或企业，都在寻求成本低转化高的运营模式，所以私域流量应运而生，其中社群也是私域流量最常见的一种形式。如果运营者没经验，那么该如何从零开始建立社群呢？

4.1 建群五步骤

组建社群的目的不同，社群的类型就不同。有基于事件的活动群、临时的工作群，也有基于兴趣的行业交流群、资源互换群等。事件驱动不如兴趣驱动，两种社群类型下的活跃程度也不同。建群一定是为了实现某种需求，建群前先要想明白建群的原因，这一点很重要。

4.1.1 五大要素

要成功构建一个社群并使其良性地发展壮大，应该先回归社群构成的原点——五大要素，如图 4.1 所示。

1. 找同好

(1) 谁适合建社群(谁适合建群)？

(2) 如何做好社群定位？

(3) 如何找到社群中的第一批成员？

图 4.1 社群的五大要素

2. 定结构(见表 4.1)

表 4.1 定结构

组成成员——内部群与外部群如何区分？如何向群内引入成员？
交流平台——选 QQ、微信，还是 YY 等其他平台？
加入原则——加入制、邀请制、筛选制？
管理规范——如何制定群规？有人打破群规该怎么办？

3. 产输出

(1) 核心人物的输出——比如文章、语音、视频、答疑……

(2) 群员的输出——比如一起写书、一起做微信、一起做产品……

4. 巧运营(见表 4.2)

表 4.2　巧运营

仪式感——视觉统一、入群通告、曝照等。
参与感——如何组织群分享？哪些小技巧可以提高群活力？
组织感——社群如何协作？
归属感——为什么要搞线下活动？

5. 能复制(见表 4.3)

表 4.3　能复制

是否已经组建了核心群——如何构建核心群？
是否已经构建好自组织——群核心文化的产生。
是否已经形成了亚文化——基于核心社群文化的衍生。
先不看本章后边的讲解，回答上面的这些社群构建问题。

4.1.2　目标用户是谁

想清楚建群的目的后，再想清楚进群的都是什么人。为什么是这些人？这些人有何共同点？在哪里才能找到这些人？比如有人想转行做社群运营，但是之前没经验，最近琢磨着建个群试试水，提前积累下经验。

基于这个背景，建群可以从自己了解的事情入手。

从兴趣出发。平时爱打羽毛球，可以建羽毛球群。羽毛球只能在线下打，所以目标用户至少要对羽毛球感兴趣，且地理位置都在一个区域范围内。

从专业出发。如果职位是财务，可以建财务群。目标用户至少有财务经验或者对财务感兴趣，至于其他条件，比如行业、职级等可以基于目的再做细化。

此处开始划重点：目标用户至少有 3 个共通属性，如果想打造高质量高活跃社群，成员本身最好也具有分享精神。

《小群效应》一书中，对社群成员的属性提出过"三近一反"的概念。三近：①地域相近；②兴趣相似；③年龄相近。一反：指相互帮助却又存在冲突和协作的两方。也就是社群成员在地域上越近越好，并且有相似的兴趣和年龄，成员间要有供需或者性别相异这种存在冲突和协作的社会关系。之前通过对一些活跃群的观察，发现活跃的社群都有一个共通点，群内都有所谓的甲乙方或者工作中的上下游关系。"一反"非常重要，很多社群管理者经常把相似的人聚集在一起，却疏忽了"一反"，导致社群后期的生命力不足。

一个求职群内，都是求职者也不行。如果大家的问题都差不多，都在问问题，那么就会没有人解答。群内还要有面试官、HR、猎头、领导等各种用人方，这样话题才会有碰撞，群内才会有交流，才会在对话中有成长。

那么"三近一反"该如何应用呢？

以羽毛球群为例，社群成员地域锁定在小区或隔壁小区、兴趣为羽毛球、年龄为25～35岁、性别为"反"，而且一定要注重男女比例均衡。

财务群可以把地域锁定在北京，兴趣为财务，年龄为20～30岁，工作经验为"反"。当然在面临真实的建群场景时，可结合建群目的对属性自由调配。

4.1.3 能给用户提供什么

站在用户的角度问自己："市面上有那么多的群，我为什么要加入你的群？"这是豆瓣网技术副总裁耿新跃，从用户行为特点的角度，总结出的用户需求。在思考社群价值的时候，可以对应以上用户的需求点，进行设计然后包装，吸引用户加入。另外需要了解用户。

通过了解用户的一天来了解用户。另外还可以关注用户朋友圈，看他们的视线都在哪里停留。他们每天都在关注什么？信息来源是哪里？都关注了哪些公众号？

还有一种焦点小组访谈的形式，与用户面对面交流，获取数据库中没有的，问卷调研也调研不到的信息。与用户直接对话，总能有意外发现。

4.2 找 同 好

为什么说社群不等于微信群呢？只要几个人扎堆在一起就是微信群，但是我们的社群是有要求的。那么什么样的群才能称之为社群呢？第一个就是要有同好，例如基于某个产品、某种爱好、某种标签、某种情感、某个目标等。找同好的目的是落实社群的价值观。如果我们运营的群不是基于以上几点，那么我们的群运营起来就会非常累。

4.2.1 社群领袖

社群是需要领袖的，而不是所谓去中心化的。所谓去中心化的自组织是一个很美的概念，作为个体或者小团队以这形式生存是可以的，但是对于一个大社群的运营，如果没有一个精神领袖是很难的。比如说"罗辑思维"，如果罗振宇一年不管事，也不说话，那么这个社群还会存在吗？

对于企业而言，做一个社群是很困难的，因为精神领袖很难是企业，必须是人。但是企业可以结合自己的产品找到产品发烧级玩家，让玩家成为自己运营的社群里面的精神领袖，从而完成社群领袖的培养。

说白了，建社群不一定需要找明星代言人，而是需要找到喜欢某种产品并能把产品玩到极致且有个性的人。有同好，就有社群建立的基础。

通常来说，在某一领域拥有影响力的个人和组织，更易建立垂直的社群。很多企业建立社群的尝试失败，就是因为群里面没有灵魂人物，一个普通员工即使建立了 100 个群，因为影响力有限，这些群的活跃度也不会很高。真正具有影响力的人才能成为社群领袖，如图 4.2 所示。

图 4.2　社群领袖示意图

4.2.2　确定社群名称

取名字每个人都会取，但是社群的名字不是那么容易取的，需要考虑很多方面。首先定位要精确，使用户从社群的名字中一眼就能看出这是什么类型的社群。

其次要便于传播，名字是向外界传播的第一个点，一个便于传播的名字，可以加深用户对社群的认知。

最后可以建立情感连接，从价值观的角度出发，使用户认同并且支持拥护社群所提出的价值观。用户对社群所提出的价值产生信任感，进而从情感上倾向于选择企业的产品，并愿意和社群一同成长。当这样一种精神体验变成社群的精神体验，粉丝的黏性也就提高了，同时凝聚力也加强了。

当然，取名字的一些基本禁忌这里就不多提了，比如避免出现生僻字、名字太长等。

确定社群口号(slogan)，社群口号设定有三个方法。功能型，一般刚起步的公司可以用这个方法，直接阐述功能特点。利益型，大多数公司用的是这个方法，直接阐述社群能够带给用户的直接利益。三观型，一般知名品牌可以用这个方法，阐述公司的态度、情怀和情感。

视觉上要统一，这个很好理解，大家都上过学，在学校里面大家穿着统一的校服(见图4.3)，每个人都有学号还有班级号。做社群也要这样，视觉统一可以彰显一个社群的仪式感，当群里聊天时有些统一的名称规范，当你线下聚会时候穿着统一的衣服戴着统一的胸牌，自然会认同这个社群。

图4.3 穿着校服的学生

很多企业想通过建设自己的内部社群，用社群的力量塑造出影响力、创造力、传播力、品牌力。想法是好的，但现实是残酷的，很多企业投入了大量的人力、财力，却收效甚微。但太平人寿一个普通的90后内勤员工却做到了(参见图4.4)。他的名字叫郭琪。

因他名叫郭琪，又做PPT，所以就把公众号命名为"PP琪"。他原来的岗位是组训，相当于基层内勤中的排头兵，业务线的第一推动者，慢慢地他把公司发生的新闻和资讯放到公众号上，以期能够帮到业务伙伴。与其他很多公众号略有不同的是，他发的内容一定是自己原创的，而不是去网上复制、粘贴。

图 4.4 "PP 琪"公众号的影响力示意图

对业务伙伴来说，PP 琪是一个共同学习、共同进步的平台；对于 PP 琪而言，这是增加用户忠诚度和用户黏度最好的方式；增加对 PP 琪认同感的同时，还能吸引更多的伙伴加入 PP 琪，也是 PP 琪的一次延伸推广。

由于他做的 PPT 作品《一张图读懂产品》系列在公司内部引起了不错的反响，越来越多的伙伴陆续加了他的微信，PP 琪全国微信群不断扩充，二群、三群陆续建立(平均每天 50 多人加微信)。

在运营过程中，PP 琪一直坚持的是在社群中培养更多的小伙伴：一个是基于能够坚持原创分享的精英，他们对于销售经验的分享成了 PP 琪的干货内容，每次发表干货必须严格按照 PP 琪的分享格式进行——我的原创分享送给 PP 琪的小伙伴们、我是××、我的微信号是××、我分享的题目是××、正文开始。

如果这位伙伴的分享足够精彩，那么管理员会相继把它转发到其他大群，同时也会有很多伙伴去添加这位分享者的微信，实现彼此的连接。PP 琪也会把这些分享的精英汇聚到"PP 琪干货大咖群"。进入此群的大咖会被要求每周分享的篇数，不然会被移出群。

在原创分享的基础上，如果特别适合推送给公众平台作为素材，PP 琪也会推荐刊登，并在文章里采取"打赏"模式，凡是作品刊登在 PP 琪上，就可以被邀请加入"PP 琪金牌写手群"。所以对于原创分享的推动模式基本路径是这样的：大群——PP 琪干货大咖群——PP 琪公众平台推送——PP 琪金牌写手群。另一个是 PP 琪管理员团队。

当社群规模足够大的时候，会有一批有责任感且勇于锻炼自己的伙伴出现，管理员的工作就可以分担给他们。PP 琪管理员的工作内容：发送入群须知、提醒伙伴规范昵称、推动群活跃度的提升、引导原创分享、专题征集、转发大咖的原创分享、每日发送原创分享到我的邮箱进行备份、统计每日的 PP 琪运营数据、挖掘新管理员。(试用管理员通过考核之后才允许加入 PP 琪全国管理员群)

原创分享精英保证了 PP 琪的含金量，管理员团队保证了 PP 琪的日常规范运营。他们的付出让他们在整个社群中脱颖而出，备受关注。关注就是生产力，来源于 PP 琪的鼓舞也会让他们在现实工作中有更大的动力。

PP 琪的这一系列做法促进了良性循环，于是从 2014 年 7 月份建群开始，PP 琪目前共有 500 人微信群 33 个(数据截至 2015 年 4 月 24 日)，除去重复入群的水分，基本锁定至少 15 000 名公司同仁相聚于此。管理员团队 100 多人，原创分享精英 230 人，群的活跃度极高，群聊质量极高，从而使这个普通的内勤员工(郭琪)一跃成为太平人寿的风云人物。

4.2.3　建立这个社群是为了营销、成长还是传播

你的社群可以给群成员带来哪些价值？如图 4.5 所示。

图 4.5　社群价值示意图

——让更多的人更好地了解某个产品。

——提供某种爱好的交流机会。

——聚集某个圈子的精英，影响更多的人。

——让某区域的人更好地交流。

——做某个群体的情感聚集地。

——认同某一类价值观，共同探讨。

如果你认为自己能提供价值，就必须明白一个道理，你要在某个单点能力上拥有超过普通人的能量，并得到大家的认可——不仅仅是 PPT 能力超过普通人，不仅仅是口才超过

普通人，不仅仅是写文章超过普通人。社群的价值是基于能力才能构建的，不是基于热情或者愿景。

4.2.4 请好友撑场面或请高手

请好友撑场面或请高手？不，我们要养苗子！如图 4.6 所示。

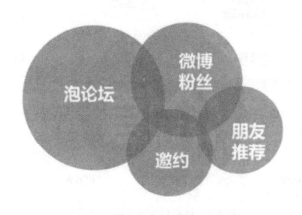

图 4.6 如何找到社群成员示意图

社群一开始找人其实很难，没有人气的群是没人愿意加入的。最开始的方式只能是邀请自己的朋友、朋友的朋友，只要差不多的先进来，帮忙撑场面。有了基础的数量，再慢慢地邀请更多的人加入。秋叶通过论坛、博客、微博等方式积累起一定的个人影响力后，先通过发起一页纸 PPT 大赛的方式，发现高手，然后邀请加入 QQ 群慢慢泡感情。后来秋叶发现很多高手之间未必能在一起产生共鸣，甚至存在竞争关系，所以很难形成比较深入的合作。于是秋叶转向自己去发现好苗子，通过时间来培养好苗子成为 PPT 高手，也就是选择"慢养"的方式，而不是选择到处请高手。后来他们发现这种慢养的方式效果胜过靠人脉拉一批牛人的效果。

无独有偶，在最初做小米手机系统时，雷军下达了一个指标：不花钱将 MIUI 做到 100 万用户。于是，MIUI 负责人黎万强只能通过论坛做口碑：满世界泡论坛，找资深用户，几个人注册了上百个账户，天天在手机论坛灌水发广告，精心挑选了 100 位超级用户参与 MIUI 的反馈。

4.2.5 社群角色

社群结构中的第一个模块是社群的组成成员,如图 4.7 所示。如果你要建社群,一定要认真对以下成员进行规划。

图 4.7 社群角色示意图

(1) 创建者。创建者要有一定的威信,能够吸引一批人加入社群,还能对社群的定位、壮大、发展、未来等都有长远而且正确的考虑。比如@秋叶,正是由于他在 PPT 领域的影响力才聚集了他核心群的成员,后来一起做课程、建学员群等都是按照他的规划一步一步实施的。

(2) 管理者。管理者要赏罚分明,能够对成员的行为进行评估并运用平台工具实施不同的奖惩。比如秋叶 PPT 社群中不同的群设有不同的管理员,比如@小巴、@秦阳、@佳少等。不同性格的管理员治理的群经常也会有不同的特点,不同的管理员分块管理也会促进相互之间的竞争与学习。

(3) 参与者。参与者要能够参与到社群的活动或讨论中,活跃度决定了参与度,要想提高活跃度,参与者中有一些"牛人""萌妹子"等会很有效,这一群人能激发社群整体的活跃度。比如秋叶 PPT 社群中的@simon_阿文、@小荻老师、@有品无赖等。

(4) 开拓者。开拓者要好玩、能侃、善交流,能够在不同的平台对社群进行宣传与扩散,尤其要加入不同的群能够谈成各种合作。

(5) 分化者。他们要能够深刻理解社群文化,参与过社群的构建,熟悉所有细节,这都是他独立出来复制社群的基础。比如秋叶的核心小伙伴@秦阳的"秦友团",是在秋叶

"阅读—思考—行动—分享"的基础上添加自己的特色后开花结果的。

(6) 合作者。独木难支,所以最佳的方式是拓展一定的合作者进行资源的互换。比如与其他社群相互分享,共同提升影响力。比如秋叶PPT与出版社合作读书笔记、与畅销书作者相互分享合作等。

(7) 付费者。你要记住,社群的运营与维护是需要成本的,不论是时间还是物料,都可以看作是对金钱的消耗。所以社群一定要有给予经济来源的付费者。付费的来源可以是购买相关产品、社群协作的产出、基于某种原因的赞助等。

4.3 定 结 构

在环形结构中,在每一次群交流中,每个人的身份可以互相变化和影响,地位相互平等,管理相对松散,不必太严格,比如经常玩匿名、各种截屏对话晒节操等,基本上可以理解为一个刷屏群。

真要做正事时,秋叶会组织大家成立专门的临时讨论组开展工作,讨论组工作结束就关闭,不断动态延伸,如图4.8所示。

图4.8 内松外严示意图

在准备成立普通学员群的时候,秋叶会引入一部分核心群员以老师和群管身份提前进入,这样既可以分担管理压力,也可以引导群的运营。比如在线分享的时候,核心群小伙伴会主动引导人气、提醒秩序,这比分享者自己出面管理的效果要好得多。

以秋叶PPT学员群为例,他们先成立了"和秋叶一起学PPT1群",在开放群之前,做了大量准备工作,展开了一次漂亮的推广,使得群员的数量一下子就突破了300人。

请注意，如果群很久都没有达到破百的规模，那么在后期运营上会出现很多麻烦，大家就会觉得这个群没有待下去的价值，因为人数太少。

等社群运营进入良性循环以后，第一个群突破 1800 人时，他们就开始第二个群的建设。他们通过内部小窗，转移了一部分老群员到 2 群，这样做的好处是 2 群开始就有一定的规模，这样新人入群感觉就很好。然后老群员在群里，自然就把群里不刷屏和禁言的文化传承下去了，不需要过多干涉和引导。等第二个群快满的时候，他们就建设第三个群，然后交叉引入。后边的 4 群、5 群、6 群的建设都以此类推。

交叉法引入成员的好处是新老结合，既有数量上的抱团感，又为群管理打好基础，群文化也自然得到了复制，如图 4.9 所示。

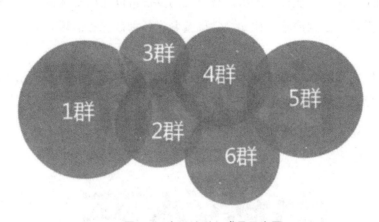

图 4.9 交叉法引入成员示意图

在核心群运营一段时间后，他们发现社群运营的一个重要的因素就是好玩。

他们不担心大家玩的时候不好好工作，反而他们相信大家在玩的时候更能做出有创意的工作。而且他们之间是有感情的，谁做了有质量的工作，一律马上打赏。一般而言，他们打赏金额比外面市场价格要高。最关键的是，在秋叶这里，已经对大家的才华有了深入的了解，可以因人定制合理的工作，所以大部分业务，他们不需要改稿，顶多看两稿就过。如果发现有问题，马上终止，不折磨人。

和秋叶一起学 PPT 1 群建立后，他们很快就通过交叉法复制建立了 2 群、3 群、4 群、5 群直到现在的 6 群，每个群都是 2000 人的大群，虽然人数众多，但通过规范的运营，新老成员都可以很快地认同群文化、遵守群规。亚文化有助于让社群更紧密地连接，如图 4.10 所示。

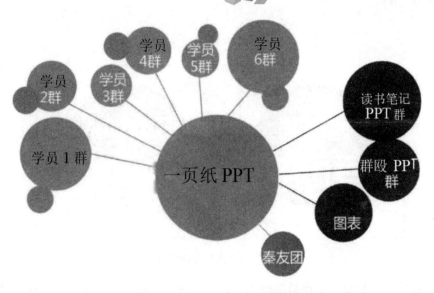

图 4.10 秋叶 PPT 系列社群示意图

秋叶 PPT 核心群、学员群建立后，很快基于学习进展、细化领域建立了读书笔记 PPT 群、轻松学图表研究可视化、每周一期一群人改一页 PPT 的"群殴 PPT"等周边小群，核心成员如@秦阳基于个人影响力建立"秦友团"等亚文化群，这些都基于秋叶 PPT 团队核心价值主张——爱学习、爱动手、爱分享。

再比如，正和岛除了线上交流、线下活动外，还根据会员们的兴趣爱好发展了 100 多个兴趣小组。比如非创意不传播部落，主要是一些文化、艺术、设计领域的企业家；比如摄影部落，主要是摄影爱好者；而正和岛优兰汇部落成员主要是一些成功的女企业家；喜欢马的企业家就组成了爱马仕部落等。通过这样的方式，正和岛有效地将原本散落在天南地北的会员越来越紧密地连接在一起。

社群成员的加入有一定的规矩和条件。

第一，群主邀约制(见图 4.11)，没有得到群主邀约的人，一律没有资格加入。

第二，入群必须接受群的文化，适应群文化的人自然喜欢，不适应群文化的人也不勉强，退群自由。

第三，本群成员的总数有限制，如果群员达到上限，那么后面进一个就踢一个。

第四，踢人没有什么规矩，基本上都是长期潜水的人会被踢出群。在本群说话不能给人参与感的会被踢出群。每半年会主动清理一次，其实他们也会不定期踢人。

第五，群主和核心成员会主动发现新人要求他们加入核心群，除了最积极、最活跃的 30 个人，其他人都是动态调整的，这样整个群每年都在动态更新成长中。

第六，不拒绝甚至主动邀请被踢出去的人回来接受"考验"。

图 4.11 动态淘汰制示意图

有种观点认为,群是一个松散的组织,不存在什么利益基础,无法制度化,其实这个问题只要考虑群的规模和建立群的产品逻辑,答案就很清楚了。如果是在线学习群,哪怕规模再小,也得有规矩,否则老师无法进行在线授课。如果是微信群,本质是随时间流沉没的,你是否约定规矩都可以;但是你如果准备长期维护这个群、扩大规模、持续运营,那么定一些群规是必要的,如图 4.12 所示。群规的目的主要是在活跃度和诱发刷屏两者之间寻求平衡点,特别是在移动端,群的活跃度太高,会带来强烈的刷屏感,而且很难屏蔽消息,使得群员手机使用体验下降。

图 4.12 入群须知示意图

比如秋叶 PPT 的学员群每个都是 2000 人的大群,如果没有一个良好的群规来规范,真是乱糟糟的。有的群员一开始不理解这一点,管理员主动放开了禁言,结果 2000 人就很快刷了 10 000 多条信息,很多人主动说受不了,请管理员出面禁言。

为了方便教学，所以社群管理员设置了这样的群规：①入群要编号，方便区分老师和学员；②入群全体禁言，每周五开放分享时可发言；③修改字体字号和颜色，便于与老师的发言进行区分。

一个群除了为了激发活跃度、避免刷广告而建立规范，还应该培养群员养成一些好的习惯，包括沟通和交流规范。@秋叶个人设计了一个沟通规范，可以供大家参考，如表4.4所示。

表4.4 沟通规范

(1)日常交流过程中，有问题先去百度或谷歌搜索一下是最好的方法。如果无法解决，再和大家一起探讨，也不要认为群员帮你解决问题是理所当然的义务。
(2)所有成员请勿未经群管许可发布广告。
(3)要学会聆听，在其他成员没有表述完观点之前，请不要插话刷屏，或是故意打断其他成员的发言。
(4)可以质疑别人的观点，但最好拿出你的理由。
(5)讨论问题的过程中有不同观点可以争论但不得对其他成员进行人身攻击或是恶意捣乱。
(6)还有一条有趣的群规：一次发言不得少于10个字。只要坚持这条群规，群的发言质量会大大提高。

学习型社群"干货帮"的群规"群八条"也非常值得我们借鉴，如表4.5所示。

表4.5 群八条

第一条	干货帮以学习探讨互联网知识为起点，求干货，求真知。
第二条	改群昵称：实名+职业+城市。
第三条	不谈政治，不传教不传销，不相互语言攻击，不坑蒙拐骗。
第四条	禁止成功学，加入者勿进，不刷屏，不做硬广(凡广告必须先发给广告审核组，通过后需至少先发100元红包再发广告)。
第五条	常有线下聚会，欢迎参加，呼唤原创文章，支持转发。
第六条	不发比较长的文章，少发转载类的文章，不要语音。
第七条	对长期隐身、一言不发者，抢完红包就走之人会定期清理。
第八条	每周有主题分享，在群里探讨交流，欢迎推荐分享嘉宾。

一般群规主要是限制发布与群无关的主题，特别是发布垃圾广告，或者两个人在群空间里过度聊天，影响别人的阅读体验，如图4.13所示。

对于违规的群员，一般采取的模式如下：①小窗提醒；②公开提醒晒群规；③私下警告；④直接移除。

如果确定要踢人，一是要事先约定制度，建立制度最好应该和群员商议，这样约定才能遵守；二是首次违规要有提醒；三是再犯，可严格按制度执行。

如果有人打破群规怎么办？

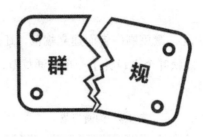

图 4.13　违规示意图

这样操作就比较容易得到群员的认同，当然对于发垃圾广告的，也要做一个甄别。特别是 QQ 群，发垃圾广告未必是本人意愿，也许只是他的 QQ 中毒了。

群员的一个大问题就是有人爱发广告，不让他发广告也为难，因为毕竟有利益驱动，如图 4.14 所示传统做法是先征得群主同意，不过还有一个非常好的操作方法可以解决这个问题：谁要发广告可以，但要先发一个红包给大家。基本上只要你尊重这个规则发广告，就没有人不欢迎。

图 4.14　错误案例及正确示范

4.4 社群输出

社群输出决定了社群的价值，社群的价值是决定社群生命力最重要的指标之一。社群输出背后的逻辑就是对社群分享过程中碰撞激发的碎片化知识加以系统化输出。

4.4.1 输出

一页纸PPT群是秋叶管理核心小伙伴的群，群内主力是在各种方面有创意的90后小伙伴，只有两个70后大叔(其实主动淘汰了大部分70后)，8个80后，其他都是90后。大家在一起迸发了大量灵感的火花，给秋叶PPT带来源源不断的新玩法和新产出。

在微信号秋叶PPT运营早期，通过内部约稿的模式，提前准备了几十期干货教程和PPT等，吸引了第一批微信粉丝的加入，同时通过不断的积累和汇总，整合出免费的电子书《秋叶PPT：三分钟教程》，这才打出了微信的影响力，解决了原创内容输出的问题。

核心群中的成员也为纸质书《和秋叶一起学PPT》的升级改版源源不断地提供了丰富的素材，甚至直接升级为图书的署名作者。

等到网络在线课程开始运营时，优秀的PPT小伙伴又成为微信运营号、学员群的答疑老师。除了这些，一页纸核心群还基于每个人的影响力，指导建立微博、微信个人网络品牌，为小伙伴未来发展奠定更好的基础。

要进行群体进化，就要让普通群成员也能输出。

秋叶PPT团队一开始就思考如何让群员从"观察者"变成"行动者"，参与到社群的运营，逐渐使群体进化成一个爱学习、爱行动、爱分享的进步社群。所以他们鼓励学员在PPT课程学有所成后，读一本书，做一个有内容的读书笔记PPT，老师免费指导修改并发布到微博、微信、网盘等多渠道。

正因为分享了好的读书笔记PPT，学员@晓荻联系上了出版社编辑，出了一本用PPT写的书《图解经济学》。

至于学员的作品得到网络大V的转发、接到企业抛来工作的橄榄枝、接到PPT设计的付费任务，这样的案例就太多了。

这样的真实案例也鼓励了更多学员更好地学习和进步。每周五的分享，由早期的嘉宾分享，逐渐演变为学员分享，团队把读书笔记PPT优秀的学员组织在一起，做更多的输出。比如和出版社合作出新书推广PPT，一起参加"群殴PPT"。

4.4.2　内容输出方式

　　社群形象包括统一的标志、口号、海报等。这是社群输出必做的事情，不管输出什么内容，在哪里输出内容，自己社群的形象肯定要带上，比如视频，肯定要加上片头标志、水印等，文章也要在开头或者介绍中表明自己社群的身份。

　　社群自媒体。这里指的是社群内容发布的平台，一些文章、视频、音频等肯定要发布在专业的自媒体平台上，这样方便社群的人员进行阅读和学习。选择什么样的自媒体平台可根据社群的定位去选择。要选择适合社群的，如果选择一些太冷门的平台，群员使用起来不方便。这个是必做的。

　　社群微课。现在很多社群都是教育培训行业，选择微课这种内容输出方式，可以合理利用群员的时间。微课得以流行起来的原因就是短而精。现在的人的时间都很宝贵，能静下心来学习的时间不太多。微课正好弥补以前一讲就是好几个小时课程的缺点，去掉一些废话与课程无关的内容，保留最精华的部分，让群员直接接受最有用的知识。这种方式可以达到互赢的结果。

　　社群直播。有人说社群直播是社群运营变现的最快途径。直播最大的好处就是能把人聚在一起，一群人观看。因为是直播，所有群员会更加专注地去听，并能随时提问互动。比起在自媒体发布文章之类的，多了一个实时互动。一般社群运营有两种直播方式，一种是请专家来分享，一种是社群群员轮流分享。两种直播方式都是很有效的，第一种可以提升社群的价值，内容专业性强，吸引群员持续留在群内；第二种让群员有参与感，认可社群。当然社群直播牵扯到很多方面的事情，需要有详细的规划，这里就不具体展开了。

　　社群活动，活动的好处就不多说了，道理大家都懂。刚开始可以举办一些线上的活动，等到时机成熟了，就能好好策划一下线下活动了，这样一场大型网友见面会就可能应运而生。

　　案例分析：

　　大家都听说过"罗辑思维"吧？这个就是典型的内容输出型社群。他的社群得以存活下来，并且不断壮大的原因就是能够不断输出优质的内容，吸引用户持续关注。

　　"罗辑思维"在最开始吸粉的时候都是免费给大家讲很多东西，讲书、讲故事、讲历史。他讲的内容很有意思，很多人愿意听。就这样社群慢慢壮大，后来他还搞了一个"骚操作"，普通会员收费200元，铁杆会员收费2000元。当然老罗也会在社群时不时搞搞活动，发点福利，比如赠送小米新品。甚至为了照顾群里的单身人士，还组织了相亲会。试想一下这样的社群怎么可能不优质呢？

　　除了内容输出型的社群，还有一种市场营销活动型社群。它的特点是通过送福利吸引用户加入社群。比如宣传今天晚上九点有老师在群内免费分享知识，你要来听就加入社群，还有一种是你加入社群，直接送你各种福利。

这种社群不是靠持续的内容输出留住用户，而是通过不断的优惠活动来留住用户。最典型的就是各种购物群。为什么有些人非常愿意待在这种群里呢？因为它提供的商品往往是性价比非常高的，符合自己的需求。

所以这类社群内容输出的方式就是各种福利赠送。当然这种社群最终目的肯定是为了变现，所以活动广告肯定少不了，也需要发送一点知识性干货，但它只能是基础类型的，高级的内容需要用户付费购买。

内容输出规划表。凡事都要有规划，作为一个运营者，难免少不了制定各种表格。社群内容运营规划表能够起到非常重要的作用。我们可以先选定运营平台，再填写完整的社群运营思路，比如提供增值服务、促进意向转化、筛选忠实粉丝等。确定好后，就要定下输出的内容是什么以及频率。最后记得把社群的活动考虑进去。

4.5 巧 运 营

社群定位是一个非常关键的环节。如果我们做商业运营，就必须了解我们能为他人提供什么价值？在社群建立之初，我们通过层层筛选找到所需的用户，所以他(她)是我们的准确用户。如果用户能够进入这个社群，就表明用户对这个社群有需求。社群的价值和目的必须是解决一些加入用户并提供独特价值的问题。从某种意义上说，这样的社群可以成为一个成熟的社群。

4.5.1 激发活力

运营要建立"四感"，如图4.15所示，激活秋叶PPT的社群的活力也是从"四感"出发的。

仪式感：视觉统一，入群做自我介绍，"爆照"，接受老群员的"审问"。

参与感：小习惯带来的参与感，如早上的签到、打卡等。定期分享，话题讨论等。

组织感：社群可以协作接龙做传播。

归属感：线下交流、聚会吃饭等。

视觉统一规范，为入群仪式感做好基础，如图4.16所示。

(1) 这是一个什么样的群——统一命名和视觉化。

(2) 进群之后做什么——用好群公告，告知入群须知。

(3) 归属感建立第一步——统一规范群名片修改。

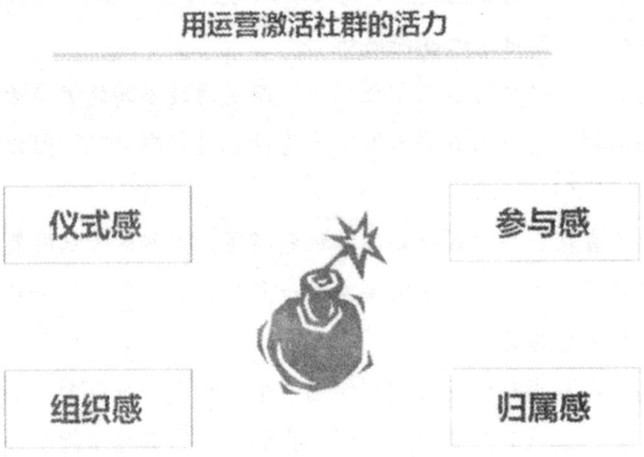

用运营激活社群的活力
仪式感
参与感
组织感
归属感

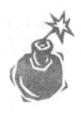

图 4.15　社群运营“四感”示意图

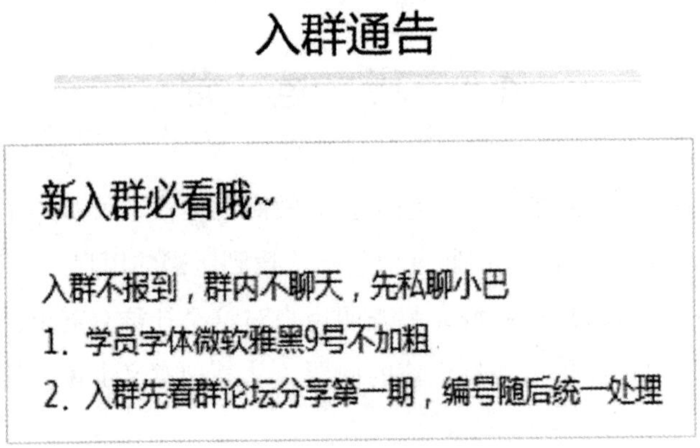
入群通告
新入群必看哦~
入群不报到，群内不聊天，先私聊小巴
1. 学员字体微软雅黑9号不加粗
2. 入群先看群论坛分享第一期，编号随后统一处理

图 4.16　入群公告示意图

无论是 QQ 群、微信群或是论坛社区，要想在交流平台上让群成员井然有序，就要将基本资料的设置和视觉化都统一，这是非常重要的第一步！以 QQ 群为例，群头像、群名称、群资料若统一，在进群之前就给人一种规范的感觉；同时，加群之后会弹出群公告了解入群相关事宜；成员的群名片备注的编号和修改，有助于更好地管理群和促进成员之间的相互了解。

群名统一。命名方法：社群名+序号、群主名+归属地+序号(见图 4.17)。

群资料、群公告统一。提前准备，告知相关事宜，例如入群后报到、如何交流、聊天字体设置等。

成员名统一。命名方法：身份+序号+昵称、归属地+类型+序号。

聊天字体统一。气泡模式易杂乱，选文本模式；字体设置统一，以便于识别群主、管理员及普通成员等。

图 4.17　视觉统一(群名统一)示意图

除了群视觉化统一，群设置莫忽视！

相比微信群，QQ 群为群管理提供了丰富的选项(见图 4.18)，也带来了很多可玩性！点开 QQ 聊天界面左上角的群名称，单击界面上方的群名称，从弹出的群设置界面中，首页可以看到群的基本信息、群成员的群名片管理等(点开每一小项还可以排序)。群设置的每个选项都是有用的，在初始设置中要提前设置，否则会带来麻烦：如果你忘了开防骚扰设置，那么中毒的群友有可能会上传病毒文件！

群消息提示	大群或活跃群，为避免大量信息建议"不提示消息只显示数目"
加群方式	付费群或内部群，注意取消勾选"允许群成员邀请好友加入"(默认是勾选)，避免不明人士加入，审核方式建议自选
访问权限	根据社群情况自选
成员信息	勾选可设置等级标签，方便查看活跃度
匿名聊天	定期开放匿名聊天是提高活跃度利器
禁言、防骚扰设置	按需选择
应用权限	按需选择

图 4.18　群设置的选项及说明

秋叶团队在有足够核心群积累的基础上，先成立了"和秋叶一起学 PPT1 群"，这个群首先是准入制，只有付费学员才能进入。

付费学员在网易云课堂的课程会看到索取群方式的提示，到微博私信，告知学员账户，通过微博私信回复群号，并告知去哪里获得入群暗号。

付费学员为了获得入群暗号，就必须强制阅读群主及其授权人员写的一篇文章，相当于对群规有所了解,这样再入群就不会轻易出现不遵守规定的情况。如果学员不喜欢这样的群规(见图 4.19),也可以选择不加入群。

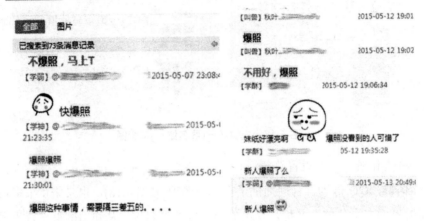

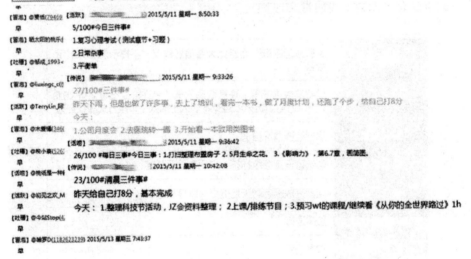

图 4.19 群规示例

这里要特别说明,秋叶团队的群规是入群前告知的,不像很多群是进来以后再告知。我们提供事先预防制管理。秋叶团队在给付费学员阅读文章的最后才提供入群的暗号,而且努力写好文章,让它有可读性,这样才能让大部分人入群前认真阅读文章。即便如此,秋叶团队也发现很多人根本不会仔细看文章,所以入群后还得进行管理。

除了前面的技巧,群分享是提高群活跃度最有效的方式。群分享主要有干货分享和话题分享两种方式(其对比见图 4.20)。不管是哪种分享,要想组织成功,都不容易。

对比项	干货分享	话题分享
分享人员	一个分享者为主，大家可以在允许发言时补充自己的看法	需要一个话题引导者，大家都可以是分享者
分享内容	分享者自己有研究的领域	大家都能找到感兴趣的话题
分享流程	分享者发言时大家不能随便插话，如插话需要分享者同意	话题公布后，大家可以轮流有序发言
分享特点	分享者可以提前准备，临场发挥	大家分享过程中随机性比较大，随时可能会跑题
参与程序	分享者如果分享质量不高，参与度会下降	话题如果引发兴趣，参与度很高，但很容易引起刷屏

图 4.20 干货分享和话题分享的对比

要做一次成功的分享，需要考虑以下九大环节，如表 4.6 所示。

表 4.6 成功分享的九大环节

1. 提前准备

　　干货分享模式要邀约分享者，并请分享者就话题准备素材(特别是对于没有经验的分享者，检查他分享的内容的质量是必要的)，特别要强调分享者应该分享对大家有启发的内容，而不是借着分享只做自己的广告。

　　话题分享模式要准备话题，并就话题是否会引发大家讨论进行小范围评估，也可以由大家提交不同的话题，由话题主持人选择。

2. 反复通知

　　如果我们确定是周三晚上 9 点分享，就应该从周一开始提前在群里多发布几次消息，提醒群员按时参加，否则很多人会因为选择了屏蔽消息，错过活动通知。

　　如果是话题讨论，也得提前发布几遍话题，让大家有足够的时间思考。如果是 QQ 群，支持群主群发消息，就非常便利了。

3. 强调规则

　　每次在群分享前都会有新朋友入群，他们往往不清楚分享规则，在不合适的时机插话，影响嘉宾分享，所以在每次分享开场前都需要提示规则。如果是 QQ 群，可以在分享规则时，临时禁言，避免规则提示被很快冲刷掉。

4. 提前暖场

　　在正式分享前，应该提前打开群禁言，或者主动在微信群说一些轻松的话题，引导大家上线，营造交流氛围。一般一个群上线的人越多，消息滚动越快，会吸引更多顺便看看的人。

5. 介绍嘉宾

　　如果是干货分享模式，分享者在出场前需要有一个主持人引导一下，介绍他的专长或者资历，让大家进入正式倾听状态。

6. 诱导互动

　　不管是哪种分享模式，都有可能出现冷场的情况，所以分享者或者话题主持人都要提前设置互动诱导点，而且要适当留点耐心等别人敲字，很多人是手机在线，打字速度不会太快。

　　如果发现缺乏互动，就需要提前安排好的几个人赶紧热场，很多时候需要有人在开场带动一下，就容易进入气氛了。

7. 随时控场

有时候在分享过程中有人乱说自己的问题，或者提出和主题无关的内容，这个时候得由主持人私聊，引导这些人先服从分享秩序。

如果是 QQ 群，直接小窗沟通就很方便；但如果是微信群，你必须先加好友才能沟通，要麻烦很多。如果直接在聊天里提醒又会干扰嘉宾发言，所以我们选择 QQ 群交流也更合适。

8. 收尾总结

分享结束后，要引导大家就分享做一个总结，甚至鼓励他们去微博或微信朋友圈分享自己的心得体会。这种分享是互联网社群运营的关键，也是口碑扩散的关键。

9. 提供福利

如果在分享结束后，对总结出彩的朋友、用心参与的朋友送出各种小福利，那么就会更加吸引大家下一次来参与分享。

那么下一个问题来了：群分享的形式是用语音呢？还是图文？

微信上流行语音，很多人也采取语音分享的模式。在分享过程中两种分享模式有何利弊？表 4.7 做了简单的梳理对比。

表 4.7 两种分享模式的对比

对比项	语音分享	图文分享
分享的操作方式	分享者一段段地发语音，如果分享者有名或者有料，成员一段段地听语音也是很好的体验	分享者一段段地贴图文，对于从来没有接触过这种模式的人，会惯性地认为这不是分享
分享内容	临场发挥比较多	可以提前系统准备
受众习惯	一部分人会选择听，一部分人会选择转成文字看	一部分人会跟着交流，一部分人会在有空时把交流内容快速看一遍
参与模式	语音会诱导别人也发语音信息，形成干扰，所以有的分享过程会不断强调，除了分享者，其他人不能发语音	大家都是文字分享，类似过去的聊天，很方便。而且把想法变成文字的过程有利于思想的组织，质量更高
分享规模	如果要做大群分享，建议采取 YY 这样的语音分享平台，但无法同步多群分享	QQ 拥有 2000 人的大群分享没有压力，支持多群同步分享，建议不要超过 4 个群同步，否则会出现响应不及时的情况
分享输出	分享内容变成后续共享输出的整理工作量很大	分享内容可以提前准备，在分享过程中随手复制一些精彩的观点加入，分享结束后就可以在很短时间内提供干货文档进行二次扩散

可以得出结论如下。

如果你要做多群分享，考虑内容的整理传播和组织成本，那么用图文分享模式可能是更好的选择。小群中高质量的语音分享也会被一部分人接受，他们习惯戴着耳机把群内发言在一个相对完整的时间都听一遍，加上现在语音翻译技术发达，把语音变成文字复制整理的工作量已经大大减少。

另外，要不要进行群视频的模式分享呢？建议尽可能少使用。受网络带宽的限制，整体体验并不佳。由于有些人网速慢，很容易出现卡断或无法正常播放视频的情况，可以考虑仅在开场时用视频打个招呼。

4.5.2 如何组织一场有效分享

如果让你做一期主持人，组织群分享，你会怎么准备？对于整个过程的调控能否把握得很好？对于群分享中出现的一些意外情况，又该怎么做？其组织流程如图 4.21 所示。

图 4.21　组织有效分享示意图

分享准备时，一旦 QQ 群超过 2 个，就需要建立内部管理组，并在 QQ 群中挖掘新人加入管理组，逐步培养。下面从人员(who)、事项(what)、时间安排(when)三个方面来探讨。

1. 人员(who)

人员包括组织者和配合者。

组织者：如果现在有人提出一个好的话题，并且有自己的想法，一般来说就由这个人担任本期分享的组织者。想锻炼自己？那就积极点。如果一直作围观者，那就不要怪别人总是不给你机会。

配合者：一个管理组走向成熟的标志，就是能够让新人尝试主持，并形成自己的风格。但考虑到新人第一次主持，没多少经验，因此在新人进行主持的过程中，需要一个有经验的人全程配合，一旦出现意外情况，他能及时帮忙。这个需要提前联系有时间的人到时候帮忙。

2. 事项(what)

事项包括确定话题、写预告、定互动稿。

话题：为什么把话题放在第一个来说？那是因为每一场讨论的流程可以固定，但最难的往往是话题的确定。巧妇难为无米之炊，一个好话题基本决定了这场讨论能否活跃。所以在确定话题的过程中，需要遵守几个原则，如图 4.22 所示。

> A.话题范围不能太沉重、太大，要简单、易讨论，成员可以随时参与。推荐好诗、好歌、好文章等都是好办法。
> B.有种经验叫："让大家分享好事积极，分享坏事不积极。"所以设计话题的时候可以多考虑让大家分享经验之类的，至于说自己做过的不好的事情，要尽量避免，否则参与度很难提高。
> C.话题设计要有情景感、参与感。如果是学员经历过的事情，他们就会比较积极参与讨论。有一期的话题是谈期末备考的方法，学员的参与就非常积极。
> D.话题要结合热点。有一期话题是结合微信朋友圈投放广告的，这一期大家就特别活跃。
> E.能调动大家的能动性。例如"你的故事大家听，你的烦恼大家帮，你的作品大家顶"之类的话题。
> F.对于大家没有沟通背景的问题，尽量用封闭式提问。如果是大家耳熟能详的话题，可以采用开放式提问。不同类型的话题区分提问方式，可以让学员迅速找到回答的方向。
> G.只围绕一个细节深入讨论，具体的话题更容易展开。
> H.考虑话题的分享时段。有的好话题，讨论的时间不对，也会导致反响平平。比如之前的整理话题分享，若在放假时间就不太合适。如果是在开学的时候，或者临近考试的时候，大家就会意识到整理的重要性。

图 4.22　确定话题要遵守的原则

预告：确定好话题之后，接下来就是写预告，通知 QQ 群我们要进行一场分享啦！那么，预告又需要包括什么东西呢？下面几个通知样例，简单修改一下就可以使用，如图 4.23 所示。

> 大家好！我是××，首批朋友圈广告的到来引发了热烈讨论和刷屏效应，所以这期我们将讨论微信广告！
> 这一期的主题分享预告：#谈谈微信广告 #
> 1. 你收到过什么微信广告？
> 2. 你身边的人收到过什么广告？
> 3. 你从这次微信广告里学了什么？
> 开放时间为：周三晚上　9：30—11：00。
> 期待大家来交流哦。另外，欢迎大家对明晚的交流过程进行记录、总结、分享；也欢迎大家思考和学习青语群的主题交流过程中的引导、管理和历程安排。

图 4.23　通知样例

互动稿：考虑到新人可能没有太多的群分享的经验，所以需要提前设想在分享的不同过程中应该说什么话，并写下来，发到管理组让大家帮忙看看并提出意见，在这个过程也可以让自己心里更有底。互动稿一般需要包括的内容，如图 4.24 所示。

a.开场白：一般就是预告，在开场之前再重新发一次。
b.过渡阶段（几个讨论问题之间的过渡阶段）：需要想想怎么说才可以让大家及时结束上一个问题的讨论，进入下一个问题的分享。并且在提醒要开始讨论下一个问题时，也要稍微总结上一个问题，这样过渡会更自然一些。此处还需要附上你对几个讨论问题的看法。组织者的发言可以提高学员积极性。
c.遇到在和主题无关的刷屏时：允许适当的刷屏，但如果开始就有变多的趋势，那么就需要想想如何委婉地提醒。
d.有人观点和楼上重复时：这样也需要提前想好如何提醒学员注意语言不要太过生硬，尽量委婉
e.诱导互动：不管是哪种分享模式，都有可能出现冷场的情况，所以话题主持人都要提前设置互动诱导点，而且要适当留点耐心等别人敲字，很多人是手机在线，打字速度不会太快。
f.结尾：对本次讨论做一个总结，并顺势引导学员进行记录分享。下面是模板

今天的分享就要接近尾声了大家都很积极地思考了呢，分分钟都在涨知识的节奏啊！我相信就算是来不及冒泡的同学看见大家的思考也一定会收获颇丰的。如果你觉得还意犹未尽的话，你可以根据我们之前的讨论找同学小窗。另外，欢迎大家对讨论过程中出现的好的故事、疑问、观点等进行记录、总结、分享。

图 4.24　互动稿

3. 时间安排(when)

时间安排包括预告时间、互动时间、讨论时间、分享时间，以及禁言时间的安排。

预告时间：确定好了讨论的主题，并写好预告之后，接下来就是发布预告，告诉学员什么时间来参加讨论。

一般需要进行三次预告。前一天夜里的 9:00—11:00，第二天中午的 12:00—13:00，讨论开始前的 1 个小时，这 3 个时间段是经过摸索比较合适的通知时间。

互动的时间段：假如确定好讨论的时间，组织者就需要提前排出时间，避免因为有事没法组织互动问答。

不同问题的讨论时间：一般来说每个问题的讨论时间为半个小时，不过具体还要看情况，如果讨论很热烈，就可以适当延长每个问题的讨论时间。

如果上个问题反应较为冷淡，就减少时间，提早进入下一个问题的讨论。对时间的安排如图 4.25 所示。

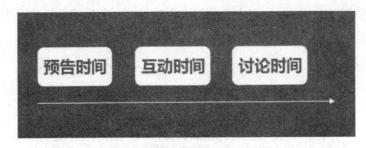

图 4.25　时间安排

分享进行时：基本过程(开头、结尾、问题讨论)：做了充足的准备后，接下来的整场讨论就可以按照互动稿上面的内容进行，不过也要注意看情况进行适当变动。一个问题大概讨论 30～40 分钟，有时可以适当地延长或者缩短。

诱导互动：如果发现缺乏互动，还需要安排好的人赶紧热场，很多时候开场需要有人带一下才能进入气氛。对于较好的发言可以将其分享到其他群，让其他人也学习学习。

分享的格式如图 4.26 所示。

这个是青语 1 群 @×××，他的发言不错，大家看看。

×××（学员发言内容）

×××（可以是对观点的简要评价、思路的扩散或者鼓励大家发言的话）。

图 4.26　分享格式

由于有多个群的讨论同时进行，会有大量的发言出现，这时候需要提前锻炼自己快速阅读的能力，能够在一堆的发言中快速分辨出好的发言，并分享到其他群。

禁言：在结束上一个问题，进入下一个问题时，或者有重要的事情要通知时，就需要及时开启禁言，避免因为过度刷屏而导致你的发言被淹没。禁言的设置在群对话框的右边，点击禁言图标，就可以开启禁言。如果需要关闭禁言，再次点击即可。

分享结束时，对本次分享学员的发言进行汇总，基本格式如图 4.27 所示。

标题（第 × 期分享·讨论主题）

分享组织者：×××

分享时间：×××× 年 ×× 月 ×× 日 ××：00 ~ ××：00

分享内容：×××××

图 4.27　分享汇总的基本格式

汇总完内容之后，可以修改一下汇总文档的标题，至于标题命名的格式、是第几次分享可以看群共享已经上传的文件，做到和前面的分享同步进行。确认无误，就上传到群共享，同时在群里发布通知，告诉大家分享的内容已经整理上传，来不及赶上讨论的人可以下载阅读。

对本次组织的分享进行总结。如果整场分享很成功，就找出为什么成功的原因？如果气氛冷清，就找出为什么冷清的原因？应该怎么去改进？总结完之后，将总结发到管理组和大家一起分享。一方面让大家提意见，另一方面在这个总结的过程中也可以看到自己的优势或者不足，为下一次的主持积累经验。

很多群都面临渐渐消亡的问题，为了激发群的活跃度，减少退群的现象，也阻止大家在群里做一些不注意别人感受的行为，群主要设置一些激发活跃度的方法。除了常规的入群仪式快速破冰外，组织话题讨论和分享是常见的方式。下面分享几种秋叶 PPT 核心群基于 QQ 群功能的另类玩法，如图 4.28 所示。

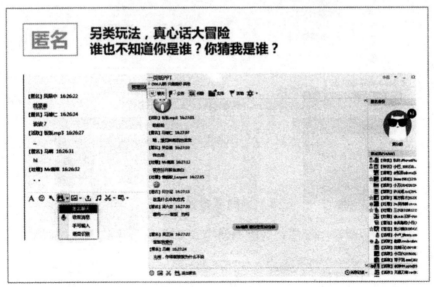

图 4.28　基于 QQ 群功能的另类玩法

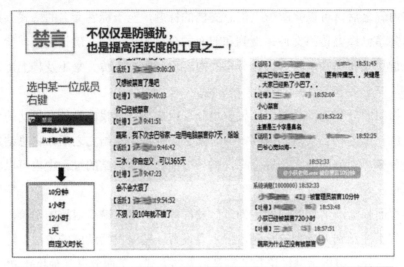

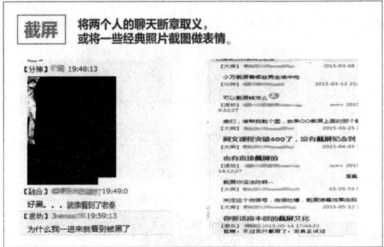

图 4.28 基于 QQ 群功能的另类玩法(续)

龙年春节很多微信群和 QQ 群主有个感受，平时死气沉沉的群，发个红包大家立马复活了，随机红包，金额不一定很多，但就是图个乐子。

有的群有人带头发了红包后，激起大家互相发红包，为此还设计出来了大量的红包接龙游戏。

在很多群里靠红包维系活跃度，凡是用钱买来的活跃度，也会因为没有钱而失去吸引力，当然节假日大家找个乐子也是可以的。合理地运用红包，可以有效提高群内活跃度。

另外，除了随机红包，如果小伙伴为某件事作出了贡献，建议可以私下发个定向红包感谢一下，钱不在多，但暖人心。

社群如何体现组织感？

协作起来，它可以做一个人做不了的事。比如，如何打造一条转发破千的微博？首先要转发破 100，这个容易吗？真相是即使是大号，也是很难的。

但如果通过社群微博传播矩阵，让群成员自组织进行接龙，就很容易引发网友跟风转发。像网上的"神最右""神补刀"，没有人是玩不起来的，而且都是需要提前策划，有序组织，配合行动的。

在大部分人的观念里，线下的见面聊天总是要比线上来得实在，与其在 QQ 上聊 10 次，不如见面聊 1 次。线下的聚会一般分为 3 种。

(1) 核心群大型聚会。比如秋叶 PPT69 群每年在武汉聚会 1 次，见 1 次非常不易，组织线下聚会是件很麻烦的事，要先确定人数，然后协调时间，所以这样的线下聚会，每年 1 次就不错了。

(2) 核心团队小范围聚会。基于小区域的几个人小聚，能聊的东西比较多，也不会见外，一起吃吃饭、随便聊、随便玩，很适合小分舵。比如秋叶 PPT 在深圳、上海的小伙伴就经常自发地组织一些线下的聚餐、游玩等。

(3) 核心+外围社群成员聚会。这种聚会要看社群的组织成本，例如秋叶 PPT 的 P 友会计划每季度 1 次；吴晓波各地的读书会可能每月或每周都有活动，规模越大就越复杂。

4.6 能 复 制

在前面提到的同好、结构、运营和输出都已经完善，并且通过实践得到效果的时候，此时我们就应该乘胜追击，不断去复制这个模式，使得社群的规模越来越大。

4.6.1 到底适不适合去复制

社群复制最终目的肯定是为了多赚钱。人越多赚的钱就越多，这句话看起来没错，但是仔细一琢磨，就会发现一些问题。不知道大家有没有听说过 ROI，就是投资回报率，即投入和产出比。

大家都听说过小班管理吧，如图 4.29 所示。那么为什么有小班这个概念呢？就是因为班级一旦太大，管理起来难度就会很大，而且学生的学习效率不一定会好。所以我们做社群也要思考这个问题。我们需要与群员建立情感连接，当你的社群一旦进行复制，你能保证这个情感连接能继续保持下去吗？

图 4.29　班级管理示意图

大家肯定也进过许多人数很多的微信群，看到过"99+"的消息，很多人都会选择开启免打扰，当一个群很多人都开了免打扰模式，那么社群的作用就没有了。有一组数据表明，90%的人在不足 20 人的小群里最活跃。因此当选择复制社群之前要仔细衡量一下：如今的状态是否适合去复制。

4.6.2 以老带新，滚动发展

现在不管是 App 还是网络游戏都有"老用户邀请新用户加入有奖励"活动，为什么这种活动的频率如此之高？肯定是因为效果好。以老带新适合主题群，比如读书群、健身群。这种方法的优势就是成本可控，转化效率高，最重要的是质量更高。

具体方法就是：当一个社群运营得比较成功后，选取社群里的几个骨干，去管理复制而成的社群。当然不要忘了一个环节，要给予骨干成员必要的奖励，如图 4.30 所示。

图 4.30 以老带新示意图

1. 社群裂变,快速扩张

社群裂变是通过海报让种子用户去推广,从而进入社群。通过社群内的自动化提醒话术,促使群内用户完成转发海报任务,利用群成员的社交关系,带领更多的新用户进群。

2. 转发群或朋友圈

这个方法对用户来说难度比较低,是最容易执行的方法。裂变速度也很快。但它有两个缺点,第一个缺点是用户可能会不精准,第二个缺点是别人在转发朋友圈的时候可能会设置分组可见,领完奖励之后就立即删除。

3. 在转发朋友圈的基础上进行集赞

这方法能很好地解决转发者设置分组的问题。

4. 拉多少人进群可得什么样的东西

这个方法有一个缺点就是不能完全调动那些有能力的人的积极性。比如,他能帮你拉 20 个人进来,但你只要求 10 个人,这样就少了 10 个人的增长量。

本 章 小 结

本章主要介绍从无到有建社群的方法和步骤,社群建立之前首先要明确目标用户是谁?能够给这些用户提供什么?这两个问题明确之后,就可以按照找同好、定结构、产输出、巧运营和能复制五大步骤一步步建立社群。

相关法律法规

《中华人民共和国网络安全法》有关网络安全支持与促进的第十七条规定：国家推进网络安全社会化服务体系建设，鼓励有关企业、机构开展网络安全认证、检测和风险评估等安全服务。

第十八条规定：国家鼓励开发网络数据安全保护和利用技术，促进公共数据资源开放，推动技术创新和经济社会发展。

国家支持创新网络安全管理方式，运用网络新技术，提升网络安全保护水平。

思 考 题

选择一个你喜欢的除了本书中提到的群管理模式，请选择另一个群管理模式，然后思考下列问题。

1. 你觉得两个群管理模式有何不同？
2. 你觉得哪个更像是社群？还是说一个是内部群，一个是外部群？
3. 你的企业到底需要一个有能量的外部社群，还是需要一个有活力的内部社群？

第 5 章

借助社群做传播

随着移动时代的发展,大众成为用户,用户组成粉丝,粉丝构成社群,社群又由平台、活跃度、推广三方面组成。在这个巨大的编织网里,借助社群进行传播则是营销的关键。

5.1 头狼战术

我们的观点是社群里有领袖和去中心化并不矛盾。我们经常可以看到，社群中的"头狼"不一定是固定的一个人，经常是这个事你主导，那个事我主导，其余的人配合。"头狼"的角色谁都可以担当，谁都可以带着群员发起一次突袭战。

5.1.1 战术含义

狼的狩猎靠集体力量，既有明确的分工，又有密切的协作，齐心协力可以战胜比自己更强大的对手。许多动物并不惧怕单独的狼，但是一群配合默契的狼，足以让各种猛兽色变。

它们的默契表现在组织性、协作性和服从性上。为了便于行动，保证战斗力和灵活性，每个狼群里狼的数量也不会很多，一般都会有一个指挥作战的头狼带队，如图 5.1 所示。

图 5.1 头狼战术示意图

说到我们的社群运营，这个狼群就是我们之前提到过的"核心群"，就是专业能力强、创意想法多、团队协作好、兴趣三观相同的一群人。

核心群的建立不是一天两天的事，想找到能达到这些标准的小伙伴，不但需要时间，更需要缘分，这还仅是第一步。

然后就要通过各种实战培养团队的默契度、协作性、凝聚力，等团队成熟到一定程度，甚至不用专人组织时，该怎么做，队员心里都有数。

此时，我们要特别强调"头狼"的作用。

我们之前说过社群是需要领袖的，尤其对于一个大社群的运营，没有一个精神领袖是很难的。

我们的观点是社群里有领袖和去中心化并不矛盾，社群中的"头狼"不一定总是固定的一个人，经常是这个事你主导，那个事我主导，其余的人配合。"头狼"的角色谁都可以担当，谁都可以带头发起一次突袭战。

还有最重要的一点，社群中的"头狼"不一定是什么都会的万能手，更不是最有权力的统治者，而是一个能够启发团队灵感的启发者，一个能够识人相马的伯乐，一个能够内外连接的整合者。"头狼"的作用不是怎么让自己最牛，而是怎么将社群的战斗力激发到爆表。

这部分人，一般也就是我们所说的"核心群"组成者。

目前国内 PPT 领域最具影响力的"幻方秋叶 PPT"3 分钟教程大都是由群内的 PPT 高手开发。大学生树洞"幻方秋夜青语"的答疑工作由多名细心的群员分别负责问题的标星、答疑、归类、总结、配图、上传、推送等。他们不但合作分包开发，而且一起将"和秋叶一起学 PPT"在线课程的付费学员人数做到破万人……

这些核心成员都是微博作业、微信互动、强关系发展而来的核心粉丝。你是不是好奇"头狼"是怎么寻找强者加入的？

以 2015 年 2 月份加入的@Mr 蔬菜为例。在这之前发生了什么呢？当时正值大四的@Mr 蔬菜通过微博发了一篇他的思考长文，总结了他对@秋叶的品牌活动"群殴 PPT"的看法。他在文章中分析了他作为旁观者对于@秋叶做这个社群活动的流程、逻辑、价值，甚至每一期的经费预算的观点。

能这样主动去思考剖析，对于一个大学生来讲已经难能可贵，更难得的是，他的思考，基本都是对的，与@秋叶的思路基本没有太大偏差。@秋叶又翻了一些@Mr 蔬菜的其他微博，很快判断出这个小伙子的能力，然后发出了私信。这时他并没有立即发出邀请，而是直接给了一个任务作为测试。就这么任性，第一次见面就直接给任务，就看你有没有胆去接。

这个题目就是情人节活动策划，@秋叶给了@Mr 蔬菜一个初步的方案和文案，让他自由发挥，限两天时间。

@Mr 蔬菜接受任务后，在浏览淘宝网站时突然脑子一闪，想了一个淘宝体创意，做了一个初稿发给了@秋叶。

@秋叶评估后立即邀请@Mr 蔬菜入了核心群，然后把这个创意放到群里，让大家提意见。群里调侃玩耍，结果激发了一群人的讨论，加上@秋叶敏锐地发现这个创意的可行性，加以引导，大家你一言我一语，提了很多点子。大家的效率很高，马上敲定这个想法，很快一个绝妙搞笑的创意推广就做出来了。最终@Mr 蔬菜不但激活了内部团队灵感，还带动了外部小伙伴参与。

从中可以发现秋叶 PPT 社群的两个特征：第一，"头狼"要善于发现对路的人才，不断扩充核心团队；第二，新人加入后可以很快在里面发挥关键作用。

鉴于@Mr 蔬菜的优异表现，@秋叶当晚就给@Mr 蔬菜发了一个 399 元的红包作为奖赏。

这个事情有诸多的"万万想不到"。

(1) 万万想不到，一认识就给任务。

(2) 万万想不到，觉得好马上就用。

(3) 万万想不到，干得好马上就赏。

后来@秋叶在做群分享的时候提到这个事情，让很多人惊叹不已。发现优秀者需要眼光，评估优秀者需要观察，引入优秀者需要底气，这对于要发挥团队价值的"头狼"来说是第一任务。

下面，总结秋叶 PPT 社群的三个特点：

第一，每个人都可以贡献创意，但并不一定由他去完成。甚至可以这样说，如果你的一个创意想法丢到社群中没有反应，不能激活大家一起创作和讨论，那么多半这个想法就可以放弃。

第二，社群中，几个人对创意的讨论能激活更多的人补充更有价值的想法。

第三，在每一次任务中都有"头狼"，但不一定"头狼"总是一个人。

5.1.2 华为狼性营销

华为是中国企业"狼性文化"的缔造者，狼性文化贯穿华为成长的全过程。华为成立早期，对手众多且实力强劲，华为只能望其项背。为了生存下去，为了抢夺订单，华为通常拼尽全力地去达成自己的目标。

今天，华为早已告别生涩，内部管理更为规范，其价值主张也发生了变化，开始重视产业链的构建，与人为友。但华为身上的狼性并没有因此退化。凡是华为认定的目标，均会尽力去达成，这一点至今未变。

何为狼性？任正非觉得，外界对"狼"的理解有所歪曲，并不是他们的原意。"狼嗅觉很灵敏，闻到机会拼命往前冲；狼从来是一群去奋斗，不是个人英雄主义；可能吃到肉有困难，但狼也会不屈不挠"。任正非曾经说过，企业发展就是要发展一批狼，他还对这批"狼"的特性做出了定义：一是敏锐的嗅觉；二是不屈不挠、奋不顾身的进攻精神；三是群体奋斗的意识。

华为的狼性销售团队是如何炼成的？纵观华为的发展史，可以把华为的销售能力发展阶段分为三个阶段。

1993—1999 年：从"游击队"到"土八路"

1993 年，华为自主研发的 C&C08 机做出来之后，当时的产品质量一般，只要一打雷，就会出问题，城市市场根本进不去。

当时公司的资金已经很紧张了，产品如果卖不出去，华为就只有关门了。

正是销售人员一个村一个县地拜访老乡，艰难地说服了客户，买了华为的机器试试，出了问题就马上到现场修复，同时安抚客户情绪。就这样艰难地发展了 3 年，1995 年销售额达 15 亿元，让公司先活了下来，为日后的发展打下了重要的基础。

这一阶段，华为的销售之路刚刚开始，1998 年就是典型的"土八路"，用任正非的话就是："我们还来不及取下头上包着的白毛巾，从青纱帐里出来，腰间还挂着地雷，手里提着盒子炮。那几年就是销售人员凭着个人能力，先拿下几单再说，没有学习什么理论，目标就是得把项目拿下，拿结果说话。"

1993—1999 年，销售额从 15 亿元增长到 120 亿元，华为销售团队这一路的拼杀沉淀下来使命必达的狼性文化，是华为销售铁军的建军之基。

1998 年，华为启动了针对研发的 IPD(集成产品开发)变革，随后踏上人力资源、销售、管理、供应链等领域全面的学习之路。

2000—2010 年：逐渐壮大的"正规军"

2000 年，华为公司在国内的发展并不顺利，可谓内忧外患，被迫开始了国际化。

任正非在欢送会上说："我们还来不及取下头上包着的白毛巾，从青纱帐里出来，一下子就跨过了太平洋。我们的游击作风还未褪尽，而国际化的管理风格尚未建立。你们背负着公司生死存亡的重任，希望寄托在你们身上。"

这十年是华为面向商业销售能力形成的重要 10 年。

就面向商业业务而言，其一，自 1998 年起，公司师从 IBM(国际商业机器公司)、埃森哲等世界级公司，其面向商业领域销售与管理理论被华为的销售人员学习掌握，包括销售技能、销售项目运作技能、销售项目管理等；

其二，华为逐渐形成标准化的面向商业销售打法，包括如何分析行业市场与竞争对手、如何经营客户关系、如何进行项目运作、使用什么营销武器等。同时，华为在这 10 年探索并形成了"准直销"的渠道销售模式，与合作伙伴共同经营市场，实现双赢局面。

其三，华为建设销售管理部来实现规范的销售业务管理、重大项目管理、销售团队管理等。

2011 年至今：体系庞大的现代化队伍

2010 年，华为年销售额达 1200 亿元，2020 年约为 9000 亿元。

2010 年，华为整合数通产品线、存储与服务器产品线等，正式组建面向商业的企业网业务群，企业网销售额从 2010 年的 100 亿元增长到 2020 年的 1000 亿元。

与此同时，销售团队越来越大，成为现代化军团。以西南某代表处为例，2008 年，面向商业业务团队仅 10 多人，销售额约 1 亿元；2020 年，面向商业业务团队已达 200 多人，销售额数十亿元，覆盖几十个行业。销售人员使用公司自主开发的销售管理软件，所有业务均有软件系统提供支持。

华为发展到今天，这支狼性的销售铁军发挥了至关重要的作用，他们是公司发展的基石，是成功的关键。

学习华为一定不能照搬照抄其今天的打法，今天它已经有 20 万名员工，因此相关企业要根据自身的条件，联系自己企业的发展阶段和实际情况，有针对性地采用不同的打法。

下面对狼性进行分析。①嗅觉敏锐：善于抓住任何的机会，瞬间出击。②强攻击性：崇尚进攻，进攻就是最好的防守，决不窝里斗。③团队协作：狼群是最讲究群体生存的，它们任何一次猎食都是分工合作，各司其职。④锁定目标：专注目标、坚守目标。

狼群是一个行动非常严密的组织，奉行的是团队作战原则，依据能力的不同划分出不同的等级，按照各自的特点，各司其职，分工明确。比如负责主攻、负责探路、负责警戒等，其中担任领导指挥的一定是能力最强的头狼。

那些成功运用狼性文化的企业，其管理者一定也是能力强，对员工起到领导、指挥、训练作用，并且时刻以"狼性"来要求自身，而非先用来要求员工。

华为的狼性文化不仅仅是精神上的鼓舞，它还拥有一套完整的薪酬激励机制，员工认同这种管理理念自然是理所当然的事情。

华为推崇的"狼性文化"之所以成功，是因为它是多重维度的定制及优化，这和制定之时的环境及时机有着不可分割的关系。如果不能完整领略狼性文化，也就留不住优秀的员工，使公司的发展停滞不前。

5.2 蚂蚁战术

我们经常会看到小小的蚂蚁，我们也经常会把它给忽略，因为它太小了，太不起眼了……然而，我们又可以从蚂蚁的身上发现一些亮点，发现一些值得我们学习的东西。

5.2.1 战术方法

这一战术相对上一种"头狼战术"最大的区别在于，每只蚂蚁的能量可能不大，但是蚂蚁数量巨大，聚合起来就是一股很强的力量。

如今大家都关注到了社群营销的力量，也都知道要通过找到领域相符、爱好一致的社群，一下子把你的目标客户群全覆盖了。

但是我们经常看到有人将广告、链接、投票往各种群里发，想发挥群体的力量，可问题在于，我们会去给一个陌生人投票吗？我们会给一个只有一面之缘的人转发吗？你发完链接，可能下一句话还没说完就被管理员踢出群了。

所以，要打"蚂蚁战术"，请你先用足够的时间在群里给大家带来价值，比如热心回答群员的问题、经常帮别人转发等，在群里刷足存在感。社群是一个小圈子、小社会，所以在这样一个小生态圈里，先树立自己的形象，等大家认可了你，自然也就愿意帮你。这跟人缘好的人从不缺帮手是一个道理。蚂蚁战术如图 5.2 所示。

图 5.2　蚂蚁战术示意图

假设秋叶老师在微博发了一个广告，本身这个内容是 PPT 形式的，发布平台在微博，那么对于 PPT 学员群、新媒体学员群的学员来说，这都是很好的学习机会。另外秋叶老师本身有威望，他不会随便发广告，既然发在这里了，肯定有原因，点开率也会比较高。

所以，做推广不能盲目，要有的放矢，"蚂蚁战术"最主要的是抓住"个体力量不大，但是数量众多"的特点。

比如可以组织群员一起参加某个新媒体活动，借助群体的力量让第三方市场付费，典型案例是"罗辑思维"组织会员吃"霸王餐"，这就是展示能量的一种方式。

朋友圈的活跃度也在下降，大家点开一篇文章的概率越来越低了。假如你今天刷朋友圈，看见张三转发了一篇文章，你不一定看。

当你往下刷的时候，突然发现李四也转了这篇文章，潜意识里你已经对这篇文章产生了好奇。

没过一会儿你又发现王五也转了这篇文章！

好了，这时无论如何你都要点开看一下这篇文章究竟说了些什么。

所以，如果你的某一篇文章能够被一个社群里的人同时转发，由于同领域的相关性、重叠性，你的内容传播就可以在该领域内制造刷屏效应，引导别人来看。你可以回想一下面对同一个内容占满你手机屏幕的情况，你是不是会忍不住点开查看。所以在必要的时刻，一定要发挥社群的力量为你造势。

如果你觉得搜索到的话题没有你想要的问题，你可以点击"提问"。提交你的问题后，就会有人免费帮你解答。

知乎与微博很大的一个区别在于，知乎的重点是问题与答案，尤其知乎更是凭内容质量说话而非粉丝量，哪怕你在知乎上一个粉丝都没有，你也可以用一篇质量极高的内容回答一个有很多人关注的问题，会有很多人点赞，你的回答会被立即顶上去，因为互联网的长尾效应一直被更多人看到。在微博上发一个高质量的内容的结果是，经常在几秒钟内该内容就被营销号盗走了，他的粉丝量比你多、传播广，你只能干瞪眼。

如果内容质量一般，但还想把它顶上去怎么办？那就必须发挥社群的力量了。

比如@常子冠老师在知乎发了一篇文章，将链接发到群里，小伙伴们集体点赞，瞬间该问题就排到前几名，这就是社群的力量。

发动集体力量是最便捷经济的方法，而且每个操作并不需要特别的技术含量，拼的就是数量，所以人多是关键，这就是起名"蚂蚁战术"的原因。

社会化媒体与传统媒体相比，很重要的一个区别就是在社会化媒体时代，内容是由用户产生，又由其他用户评判优劣，然后好的内容会优先被推荐。除了刚才谈到的知乎，类似的还有百度知道、百度经验、今日头条等。

一个人的力量有限，但是借助社群的力量，一个好内容被多个人点赞顶起后就会被前置，而前置的好内容就会得到更多关注，进入自我强化阶段。这时候你的内容中除了高质量的干货，还可以巧妙地植入一定的广告，其曝光量是非常可观的。

对于智能挖掘而言，比的是广度，而不是个人影响力，利用"蚂蚁战术"发挥群体力量，这是社群可以击败名人的一个玩法。

5.2.2 保意全员营销方案

各事业部内部员工的信息推送体系和要求活动宣传体系建设不完善；保意(即张家港市保意电器有限公司，位于江苏苏州)现有的员工中，有部分人群年龄超过 40 岁(此部分人群没有 QQ，不会使用微博、但是智能手机端可能有微信。)

短信渠道需建立一个短信群发平台，需要保意每个事业部的员工联系方式，公司有大型活动或任命通知等可以通过短信群发到每个员工手机上。缺点：单向的，没有互动和转发。

微信渠道有微信群。统一建好各个事业部的内部微信群(成员大约 100 人，电器和建材这两个事业部一个群可能放不下可以建 2 个)；营销中心的负责人可以加入每个事业部的微信群，当有大型活动的时候或总办通知时，可以统一由这个负责人在各个事业部微信群推送内容，号召员工对活动转发。缺点：微信群最高 100 人，群成员可能存在不好控制乱发言的情况。

微信公众号，每个事业部现在都有订阅号，建议员工订阅各个公众号。当自己公司推送活动信息的时候，建议员工转发公司活动。也可以在微信群号召大家转发。

成立一个总办微信服务号，让保意所有员工订阅这个服务号。各个事业部有活动通过此平台推送。缺点：不好即时检查和监督。

QQ 渠道，每个事业部建立本事业部的 QQ 群让所有员工加入，当有活动或通知等在群里公示。各事业部管理层加入总办建的 QQ 群。总办营销负责人加入各个事业部的员工群。有大型活动统一由营销负责人在各个事业部通知。缺点：QQ 群成员不好控制乱发言，离职的人员要及时清理，还要审核好加入人员。还有人没有 QQ、不是即时性。

企业营销 QQ 渠道，统一加公司的营销 QQ，对保意员工分组，加入后。可以群发 QQ 消息，员工打开 QQ 就可以接收到信息。缺点：有人没有 QQ、不是即时性。

OA 和内网渠道，登录 OA 查看公司活动通知和要求，也可以在大港城建立一个内网，只有保意人自己能访问到、外部人员访问不了的论坛形式。缺点：有部分人群不会用网络。

关注公司官方微博，员工有义务关注公司的官方微博，当有活动信息时转发微博活动。缺点：微博使用人数下降，局限于年轻人。

5.3 攻城战术

既然是选择平台对社群进行维护，那么就少不了这个平台所提供的管理工具。

5.3.1 战术

你可以想象一个场景，古代进攻某座城池前，将帅拿着军令高喊："哪位将军能拿下此城，封万户，谁愿出战？"

这时一位英姿飒爽的将军上前接令，喊道："末将不才，愿率我麾下五千骑兵，明日午时前破之。"攻城战术如图 5.3 所示。

图 5.3 攻城战术示意图

还有另一种场景,比如我加过几个设计师的群,这几个群平时分工协作,做了不少好作品,名气不小。这里面群主本人在设计圈小有名气,人脉比较广,经常在群里说:"有个企业联系我设计一套 VI,费用给 2 万,有人想接吗?"(注:VI 指视觉识别系统)"最近有个大活儿,客户要得紧,需要 5 个人一起做,谁有时间?"

这两个场景是不是很像?

群如果能够经常带来某种通过完成任务得到回报的机会,这样的群通常还是很稳固的,而且管理员也用不着非得找话题、做活动。发布任务就是大家最喜闻乐见的活动,所以管理的成本也不会太高。如果这个任务能够打通多个角色,那么能量就会更大。下面我们来举个案例,如图 5.4 所示。

"群殴 PPT"是"秋叶 PPT"的一个品牌活动,活动形式简而言之就是"一群人改一页 PPT"(见图 5.5),也是典型的"攻城战术"。

企业提供一页 PPT,可以有自己的标志、产品等相关信息;秋叶 PPT 的学员利用自己学习《和秋叶一起学 PPT》课程所得到的技能去修改这一页 PPT,通过微博加话题发布自己的作品;秋叶团队会对学员的作品进行点评与反馈。

在春节前的 6 期"群殴 PPT"活动中,"群殴 PPT"微博话题阅读量近 4200 万,平均每期活动阅读量在 700 万左右,每期投稿在 100 篇以上,有积极分子 352 人加入群殴 QQ 群,各种打赏红包金额累计超 1000 元,赠书 100 多本等。

第 5 章 借助社群做传播

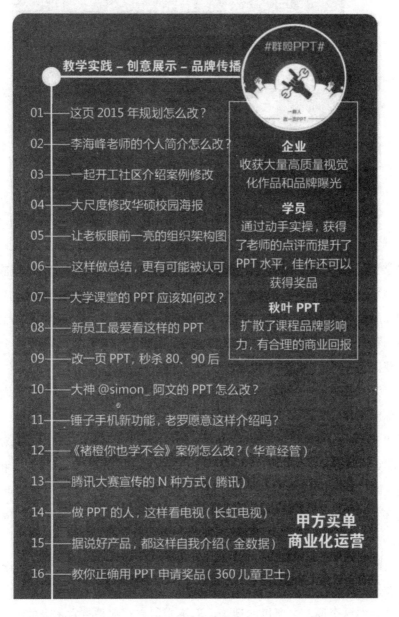

图 5.4　品牌宣传

图 5.5 "群殴" PPT

本来给学员提供动手机会是老师应该做的，但是借助社会化媒体的传播能量，加上管理人员精心组织，把个人碎片化的创意整合成了让企业低成本收获的以大量高质量图文内容为载体的品牌曝光机会。这样学员通过动手实操获得老师点评，提升了 PPT 水平，还可以获得奖品；秋叶 PPT 扩散了课程品牌影响力，也获得了运营需要的经费，每一个角色都能最大化收获。

如果你认为"群殴"的目的仅仅是让更多的人动手做 PPT，之后 PPT 技能得到相应的提升，那么你就是对"群殴"还不够了解。

与其说"群殴"是个活动，不如说"群殴"是个平台，一个可以用作品和思想交流的平台。它不像 QQ 群那种交流平台，在 QQ 群里一堆人在讨论问题，如果没有相应的管理制度，那就是在瞎搞，根本不是在交流，只是在用各种语言和图片在轰炸。而"群殴 PPT"这个平台也许只有在微博上才能发挥得更好，因为在这个平台晒完作品后，得到的最直接回馈是评论。

对，就是评论！这个评论的内容(在这里仅指微博中"群殴 PPT"里的评论)大多数都是经过大脑过滤的，不像在群聊中，想到什么就说什么，有的甚至都没想就把话说出去了。我很喜欢"评论"这个词，之所以叫评论，而不叫留言，那是有它本身的意义的。评论应该带有个人思想，这种思想应该是经过独立思考的产物。在"群殴 PPT"中，那些有价值的评论，就是我们成长的营养，这些营养就是群殴这个平台的重要组成部分。

所以，与其说"群殴 PPT"是个平台，不如说"群殴 PPT"是个环境，是个能让你感到真实的环境，一个可以一起学习和共同进步的环境。

5.3.2 营销案例

把微信做得有构思,微信就会有生命力!微信的功能现已强大无比,除了可以回复关键字还可以回复表情。例如星巴克音乐推广,通过查找星巴克微信账号或扫描二维码,用户可以发送表情图像来表达此刻的心境,星巴克微信则依据不一样的表情图像挑选《天然醒》专辑中的关联音乐给予回复。

这种用表情说话的推广方式正是星巴克的卖点。至于是人工回复还是智能关键词抓取,就不必深究了。

2012 年既是微博营销的爆发年,也是企业入驻微信的一个开始。近期越来越多的人把"微信营销"或"微信的商业化"等挂在嘴边,无疑微信的影响力与它独有的商业魅力让人既好奇又心痒。而从企业的角度,他们又是如何看待微信的呢?企业应该如何善用微信平台,微信对于企业的价值在哪里?这里介绍咖啡巨头星巴克的应对措施。星巴克企业(其标志见图 5.6)发展战略向来注重数字媒体与社交媒体,并一直走在科技与时尚的前沿,身体力行打造新鲜时尚空间。星巴克官方微信平台,就是企业数字化战略中重要且坚实的一步。

图 5.6 星巴克企业标志

2012 年早些时候,星巴克在策划夏季冰摇沁爽系列创新饮品的上市计划时,在构思有什么是可以令人感觉全身被激发和唤醒的,他们想到了音乐和微信。他们觉得如果要寻找一个能与顾客积极互动的平台,微信无疑是很好的选择之一。

星巴克中国微信账号粉丝当时已超过 40 万,有数以百万次的互动。这些数据仍然在持续增长。在业界也得到很好的反馈。

微信开通很简单,那么怎么让大家都知道你开通了微信呢?这一直都是企业都在思考的问题。星巴克结合了自己的企业特点,通过微博、星享卡会员项目、门店、平面媒体等多个渠道，把这一消息告诉大家。

微博和微信是目前最主流的社交方式。在我们看来，两者都是很好的交互平台。相对来讲，微博支持一对多的交流，常被称为"自媒体"；微信从目前的使用者角度来看，更注重即时的交互性和一对一的私密性，且微信用户不满足于文字交流，更注重语音、图像和视频的传递。

在星巴克，微博平台和微信平台都由数字营销团队来运作。在微博平台上，他们更多分享的是星巴克的品牌故事、有关产品的介绍和生活态度的交流。在微信平台上，则注重与粉丝之间的一对一互动。

2012年早些时候，在筹备冰摇沁爽系列创新饮品上市时，他们想到了音乐，还有微信这一能与顾客建立积极互动的平台。不久，推出了星巴克官方微信平台和"自然醒"活动。微信粉丝只要发一个表情符号给星巴克，无论是兴奋的、沮丧的或忧伤的，都能立刻获得星巴克按其心情特别调制的音乐曲目，和星巴克展开一番内容丰富的对话。

10月8日起，星巴克再度富有创意地推出了"星巴克早安闹钟"活动，以配合早餐系列新品上市。粉丝只需下载或更新"星巴克中国"手机应用，每天早上7点至9点，在闹钟响起后的1小时内到达星巴克门店，就有机会在购买纯正咖啡饮品的同时，享受半价购买早餐新品的优惠。一杯星巴克咖啡饮品，由专业的星级咖啡师精心调制，再搭配上可口的可颂、三明治、意大利夹饼，不仅口感更佳，而且低脂营养健康，让人在独特的星巴克体验中迎来精力充沛的每一天。

从以上案例可以看出，传统企业的微信营销比微博营销更加贴近用户，让用户觉得你是在用心地服务，而不是只是为了你的销售额和利润在做营销！

5.4 悬赏战术

所谓社群之中，"重赏之下，必有参与"，但"重赏"仅有奖品是不够的，要真正激发社群的活力，更重要的是奖品下有诱惑力的活动设计。

5.4.1 战术说明

如果能够结合奖赏，用社群的力量实现资源的整合，那就更了不起了。悬赏战术如图5.7所示。

《微信营销：18招教你运营好微信公众账户》是@萧秋水、@秋叶、@秦阳等人开发的一门新媒体在线课程。针对报名该课程的小伙伴们，他们组建了一个学习QQ群，里面有500多人，经常一起分享互动，构成了一个微社群。

图 5.7　悬赏战术示意图

2015 年 1 月 14 日下午，@萧秋水到深圳华侨城练习摄影，在胡桃里吃东西，在朋友圈发了一张照片。一个朋友开的公司就在附近，朋友看到后就过来找@萧秋水，并送了两块手表。萧秋水很喜欢，自己留了一款男表，把女表拿出来，正好年底前想给"微信营销""微博赚钱"课程搞个微博促销活动，这个表就可以作为活动奖品。

微博活动送个手表有效吗？

上面已经说过了，一场有诱惑力的活动，只有奖品是不够的，重要的是活动设计。当然，这也要看活动的目的是什么。转发抽奖类活动最多，这很省事，也能起到加粉、产品曝光等目的，不过他们策划这场活动，是不是就采取这么简单的模式呢？

可如果这样，这个活动的意义有多大？

价值 3888 元的女士手表很好，但是只有一名幸运儿，如何才能够最大化提升参与感呢？

经过一番讨论，他们(指社群管理人员)做出了第一个重大的决定！

为什么不让学员直接参与这个微博营销活动？如果学员社群能够一起做一次微博实战，这不但符合新媒体社群的定位，学员也能够参与一次高级的新媒体实操，非常有意义。

那么问题来了，学员为什么会参与这个微博活动？是因为老师的号召力？

坦率地说，老师人品再好，也不至于好到学生愿意帮老师转发微博广告，所以这些管理人员要想点办法，才能让这 500 多人的在线 QQ 群学员被激活！

经过一番讨论，他们作出了第二个重大的决定！他们决定让学员花钱转发活动微博！

这是疯了吗？免费帮你转发，你都没有信心，你居然让学员花钱给你们转发微博？

是的，他们就是这样设计的，他们的做法，是做一场发动新媒体学员社群"群殴粉丝头条"的活动！

什么叫"群殴粉丝头条"？

管理人员发一条促销《微博营销》和《微信营销》的微博。学员转发这条微博。学员转发后再花钱用自己的粉丝头条推广这条微博。

尽管在相关的课程里面，有关于粉丝头条的内容，不过通常来说，学员并不愿意花钱为自己的微博做推广。尤其是很多人的粉丝量不大，粉丝头条的意义也不大，没有什么价值。

但是如果换一个思路，由管理人员提供机会，让小伙伴们集体轰炸一条活动微博，不但让大家使课程内容有实操机会，他们也学到了一个微博营销中重要的玩法。集体轰炸粉丝头条，可以让大家的微力量变成大合力，仅仅是看到这个结果对很多人就是有诱惑力的。

不过仅仅是鼓励大家参与还不够，正好在年底，管理人员还提出，如果大家愿意花钱转发头条，就邀请大家加入一个微信群，这个群会给所有发了头条的小伙伴打赏红包！

想到这个主意也不是一次就定型，最开始他们商议的方案是：在学员 QQ 群内，由秋叶做关于粉丝头条的干货分享，凡是参与群殴粉丝头条的学员，凭粉丝头条截图进入微信群，管理人员支付双倍费用返还。

后来觉得，这种方案在统计上比较麻烦，支付也很费事，反正普通人粉丝头条也不值几个钱，还不如直接在微信群发红包，多发几个，大家就抢回来了，管理人员也不占学员的便宜。

此时秋叶又突发奇想，他刚好在一个在线教育群内分享了干货，有不少人表示很有兴趣，秋叶就顺势说正在准备搞一个社群活动，问他们有没有兴趣观摩，条件是进一个微信群，进群后需要打赏不少于 99 元的红包。

还真有不少"土豪"就加入了微信群，他们大部分都是 70 后，前来潜伏观看秋叶及其伙伴(可称秋叶团队)是如何调动这帮 90 后任性地替秋叶团队花钱做推广。

这正是一群 70 后"土豪"潜伏围观，90 后少年任性推广，其后产生了一些思想碰撞出的火花，很有意思。

就这样，秋叶团队把两个平时根本没有交集，无法连接的资源通过"社群"这个关键词在很短时间连接起来了，客观上秋叶是两个社群的连接器，这是一个很重要的经验。

整体活动框架出来了，秋叶团队马上落实小伙伴准备的细节，最后活动的整体流程为：

(1) 秋叶在学员 QQ 群做主题分享《如何制造出千次转发的微博？》。

(2) @萧秋水负责发课程推广微博。

(3) @小万管家负责进行记录。

(4) @南方锈才和@小万管家负责加人进微信群(锈才负责男性，小万负责女性，为避免忙乱进行的分流)。

(5) 活动结束，@萧秋水负责随机抽出中奖人，寄出奖品。

(6) @萧秋水负责活动总结，进行二次传播。

时间计划是：当晚 8 点半秋叶提前在微信群为土豪们预热和剧透下一步玩法，9 点开始在 QQ 群给小伙伴分享(土豪们也提前潜伏到这个群围观秋叶如何分享和控场)，大概 9 点半秋叶提示@萧秋水可准备发微博，10 点半提示小伙伴进入微信群抢红包，整个活动达到高潮。

在分享前，@萧秋水已经提前内部沟通过要发布的微博文案和图片，已经准备好初稿，秋叶在分享中直接就拿这个微博文案作案例，一步步请学员依据所学课程内容判断，这条微博能否得到千次转发？

很遗憾，学员的答案是不行。

于是秋叶一步步引导学员提出各自的修改意见，马上对微博进行完善，经过快速十多版的修改，最后定稿。

因为时间紧张，所以讨论以改文案为主。在敲定后，秋叶马上通知@萧秋水发布了微博。

这个修改的过程，是引导大家对《微博赚钱》课程进行应用，也完成了微博测试，确保秋叶团队发出去的微博至少有大家可以接受的可读性，这是一次漂亮的群体智慧的产物。

因为广告微博，说实话，转发上千次其实是非常有挑战的任务。

但为什么还是要规定一个目标？并且是上千次？

原因：这是一次群体活动，如果不定目标，大家在参与的时候，会感觉目标不明确，缺少积极性。目标过低，较易达到，比如 500 次，大家就会觉得很容易，没有挑战性。

目标就像是一个标靶，放在那里，大家齐心协力，在做任务时就会更有干劲，其实这个转发过千的目标，并不是最主要的目的，练手才是目的。很多学员经过这一次演练，才真正懂得了粉丝头条到底怎么玩。

@秋叶、@萧秋水两个人的直接转发能量，大概在 20 次不到，加上奖品促销，可以到 50 次转发。@萧秋水自己也会付费进行粉丝头条推广，金额为 178 元，这是依照@萧秋水目前的粉丝量以及头条的价格。加上这个因素会带来一共 100 次转发量。@秋叶的粉丝头条太贵，不能投，划不来。

但是秋叶团队有 500 名学员，因为提前在群里通知了几次，估计当晚应该有 300 人会在线参加分享，这里面大概会有三分之一的人转发，合计就是接近 200 次转发。这 100 人再继续投放粉丝头条，这会让他们的微博好友在 24 小时内上线看到，并参与转发，估计最后应该有 350 次转发。实际最后转发是 420 次，比估计的要好很多。

当然学员们的粉丝头条价格普遍不算贵，很少有超过 5 元的，他们事后能在微信群抢到不少红包，所以学员是不会赔本的，事实上很多人发微博告诉别人第一个红包就赚回本钱了。

另外秋叶团队鼓励学员记录、观察、学习后交作业，大家收获很大，同时也是相关品牌的二次曝光。这场活动的最终结果是多赢的。

学员非常认可这种直接参与微营销实战的学习机会,因为得到了动手机会,最后有 130 位学员参加了"群殴粉丝头条"!

发放红包的土豪们拥有了一次全程观摩社群营销活动的体验,与 90 后的近距离接触刷新了他们的认识。他们也非常开心地打赏了 20 个 99 元的红包!所以学员也因为动手而得了红包,红包总金额超过了他们粉丝头条投入的好几倍,很多学员很开心地把赚的钱又拿来发红包!

赞助商@保时捷表获得了充分曝光,据知微统计,微博曝光量达到 75 万。另外,不少学员也在作业中运用了"知微"进行微博分析,这也是相关课程中教过的内容,对此,秋叶团队感到非常欣慰。

双微课程产生了比平时高得多的销售量,总量并不多,平时微信课程一天卖 2~3 个,这一次一天就卖了 12 个!关键是转发过程中课程也获得了充分曝光,让很多人知道:还有这门课喔!

秋叶团队所付出的直接成本,总共是 5 个红包(发布在微信群里的两个 99 元红包和发放给 3 位辛苦的工作人员的定向红包)+粉丝头条成本+寄送费用。合计不到千元,从投入产出比来看,团队认为是值得的。因为团队不仅仅看重双微在线课程的销量,这种和学员一起进行文案修订、粉丝头条投放、分析总结、社群营销的实操活动,也是团队和学员一起教学相长的额外价值。

综合来说,一场成功的跨社群活动,需要满足以下因素:

设计好活动的主次目标。有时候,次要目标要放到首位,可起到吸引用户的作用,而主要目标隐在背后。

设计好活动参与方的利益链条:一场活动对谁有利,利益怎么分配,怎么调动参与方的积极性,怎么奖励工作人员。

活动的开始、过程、事后都要做好控制,原则上应该是一鼓作气、一气呵成的,节奏要紧凑。

《和秋叶一起学 PPT》课程在上线一年后,学员人数过万,学员群也加满了 5 个。鉴别是否掌握一个工具的方法就是实践的成果,PPT 作为一个工具,也不例外。那么,在学习过程中,如何通过产出成果来检验 PPT 的学习呢?

汇报?演示?决定一次演示好坏的不一定是 PPT,也可能是演讲。

所以,一个非常好的办法就是读书笔记 PPT,也就是学员通过阅读一本书,将书的核心内容提炼梳理,并通过 PPT 做视觉化表达。这对于一个人的逻辑提炼与 PPT 水平都有很高的要求。一个人的 PPT 水平,基本上都可以通过读书笔记 PPT 来检验。

读书笔记 PPT 一直是秋叶核心群的拿手绝活,在学员达到一定数量后,秋叶团队决定在学员群进行推广并扩大影响力。

先是在 2013 年元旦成立了@读书笔记 PPT 的微博账号,专注于"和秋叶一起学 PPT"学员原创优质读书笔记作品分享(学员发布作品,秋叶团队提供下载链接和分享方式。

秋叶团队这次活动的模式如下:

(1) 出版社将可以赠送的书单发给秋叶团队。

(2) 管理员在学员群内发通告,公布书单。

(3) 学员根据书的类内容以及自己的制作时间向管理员预约。

(4) 按学员提供的地址安排送书。

(5) 学员拿到书后在承诺时间内完成 PPT 作品,制作过程中可以请秋叶团队老师指导修改。

(6) 作品完成后拼长图加相应话题、编号,@相关出版社后发微博,相应的出版社官微会紧跟转发,这是第一次传播。

(7) 隔一段时间后@读书笔记 PPT 附百度云 PPT 源文件下载链接转发,这是第二次传播。隔一段时间后@秋叶点评转发,这是第三次传播。再隔一段时间后对于优秀的读书笔记 PPT@秦阳会用自己的公众号推送,并结合账号特色布置作业发微博,形成第四次传播。

(8) 该读书笔记 PPT 会在该书的夹页、当当网、豆瓣、百度文库等平台上附原图、源文件或二维码下载,形成第五次传播。

在这个过程中各方得到了什么?

出版社:相当于得到了一次高质量的新书微博营销推广。高性价比地通过新书的曝光提升声望与销量、官微账号曝光加粉。比如一个转发量过 100 的读书笔记 PPT,仅微博来说阅读量就有 20 万,对于出版社来说成本不过是送了一本书。

学员:免费得到一本正版书、各大号转发形成的加粉,甚至带来高薪工作机会、PPT 高手老师的一对一辅导。

秋叶品牌:学员高质量的学习成果带来口碑、课程的曝光(比如源文件中穿插有课程广告页)、@读书笔记 PPT 的涨粉(3 个月增加 1 万粉丝)、百度云盘的涨粉(3 个月破 10 万)等。

如果没有连接,使用以往的方式,想得到同样的成果,你估算一下自己要花多少钱?

而这个形式连接 3 个角色,都得到了超性价比的回报。但是中间流转的悬赏物,不过是一本书。

在不到一年的时间里,@读书笔记 PPT 已经累计分享了超过 200 个原创优秀作品,运转得非常出色,三者相互促进,已经形成了一个非常好的良性循环。平常还会有类似悬赏"约书评"等互动,还是用悬赏激发社群的创造力。

2015 年 4 月 21 日晚上 9 点,@读书笔记 PPT 发布了一条新的赠书活动微博。这是他们的常规活动,去年同样的活动转发量一度破 5000 次。结合"世界读书日"这个热点,吸引大家用造句转发的形式参与活动,获得赠书机会。那么,具体的活动流程是什么样子的?

下面把它梳理总结一下。

① 发布活动微博(微博文案既需简洁好懂，又必须涵盖重点信息)。参与者按规则转发。

② 活动时间截止，出版社官方微博发布中奖者名单。

③ 中奖者私信@读书笔记PPT，告知邮寄地址、电话等信息。

④ 中奖信息反馈结束后，会按照中奖者提供的信息安排寄送。

⑤ 中奖者收到寄送图书(邮寄费用由读书笔记PPT承担)。

以上就是整个发布、转发、抽奖、反馈和寄送五步活动流程。通过精心的话题设计、规则设计、配图设计、接龙设计和扩散设计，玩了一次漂亮的学习型社群互动。

为什么大家会这么积极地参与这次读书笔记PPT的活动？很明显，各方都可以从这次活动中收获利益、达成共赢。我们来看看活动的最终成果。

学员社群方面，也就是参与微博转发送书活动的小伙伴们，如果很幸运地中奖了，就可以免费得到自己喜欢的图书，就算没有中奖，也可以说亲身参与了一次学习社群的群体思维风暴，这一点要得益于读书笔记PPT对活动规则的设置：只需要选择喜欢的书以书名造句，@对应出版社，就有机会获得赠书，既简单又可以让参与的小伙伴们动动脑筋。"动手的人值得鼓励"，这种理念从活动开始就已经体现，这也是@读书笔记PPT转发活动区别于其他转发抽奖活动的特点，而且这样还可以在一定程度上提高参与者质量，连简单造句都懒得去想的人，也许并不怎么热爱读书、思考。另外，读书笔记PPT不仅给社群学员提供福利赠书，还可以提供高手免费指导。从社群学员的角度考虑，参与这种社群互动不仅可以有免费好书看，还有PPT高手免费亲授技巧，而所有参与活动需要做的，仅仅是一条微博转发。这么划算的活动谁会不心动？

秋叶品牌则可以从这种社群互动中获得很大程度的曝光和推广。读书笔记PPT本身就是秋叶品牌所属的一个学习社群组织形式，读书笔记PPT策划组织一系列的活动，通过@读书笔记PPT微博账号进行活动发布，吸引社群学员的参与互动。读书笔记PPT在活动中无处不显示出"秋叶"这一品牌特征，从@秋叶账号亲自转发到活动的文案、微博配图，只要你参与了这次活动，就一定会了解到秋叶品牌。在学员社群的曝光与推广，又会进一步地形成连接，把更多的社区学员吸引到秋叶品牌的系列在线课程中，促进在线课程的销售。

和出版社的合作其实就是一种跨界玩法。参与活动的出版社通过读书笔记PPT和社群学员连接，这对出版社品牌的推广是非常有利的。同时，社群学员中绝大部分人都热爱阅读，这样看来，出版社得到的是非常精确的受众连接，这在一定程度上会促进相应图书的销售。

下面再回过头看看这次的成本。这次活动所投入的成本包含出版社所赠图书、快递费，以及@秋叶等小伙伴们使用粉丝头条推广工具的费用，这些成本加起来是不过上千元。而如果通过新浪微博粉丝通投放广告以达到同等曝光量，成本保守估计也会高出数倍。

低成本的投入也恰恰是社群模式的优势之一，优秀的学习型社群可以连接众多特点鲜明的社群学员，大家都热衷于读书，也就会有更大的热情去参与活动。得益于微博开放性的传播模式，每个人都可以传递信息，读书笔记 PPT 的活动信息源经过多次传播，足可以获得极高的转发量。这样就可以省去很多广告推广费用，还能摸清社群的玩法，可谓是一举多得。

最后综合总结读书笔记 PPT 学习社群的玩法：

(1) 活动组织。形式简单，参与门槛较低，信息可信度高，并且调动了社群学员对于活动的情感连接。

(2) 多发获利。社群学员、秋叶品牌和出版社方面完成了多方连接，都可以通过读书笔记 PPT 获得利益。共赢的玩法，才是我们理想的模式。

(3) 顺应趋势。互联网时代随处可见的是各类连接，读书笔记 PPT 学习社群形成的正是人与人的连接，这也需要我们去深入探索社群模式的玩法，挖掘更多的社群发展可能性。

5.4.2 营销案例

当科技不断地改变人的生活的同时，人们的关注度也从电视、电脑转向了手机，这也就造成了大量的碎片化时间。如何在碎片化的时间中从移动终端获得用户的关注，成为广告主和营销平台都在关注的事情？

为解决移动营销痛点，移动悬赏营销场景运营服务商茄子悬赏打造了以普通大众用户为本，以多领域创意 UGC 分享为核心，以悬赏为传播方式的媒体平台，如图 5.8 所示。

图 5.8 茄子悬赏示意图

工信部数据显示，中国 2015 年手机用户高达 13.06 亿，截至 2016 年 5 月底，国内 4G 用户已达 5.3 亿。移动设备成为人们日常获取信息的重要渠道，而庞大的智能终端用户体量

社群营销

使得广告主将注意力逐步转向移动营销。

据了解，茄子悬赏 App 就是一款既可以让用户主动注册下载，更能让用户长时间去体验的应用。它是集图片、视频、音频为一体的新概念社交互动平台，以赏为核心。用户既可以通过悬赏完成指定任务获得现金奖励，还可以通过发布日常获得打赏。

相比以往被动的推广方式，茄子悬赏与用户的互动更加主动，与用户互动分享的同时及时获得用户的反馈。这也使得 App 产生的悬赏内容传播范围更广，信息投放更定点，形式更多样且传播成本低。

而在以"赏"为中心的轻社交媒体平台打造上，通过"悬赏"的方式来吸引用户使用 App，同时在内容方面，通过趣味化话题的设置来提高阅读性，以兴趣为焦点进行社交打造，以用户为基础进行信息传播，构建起以社交化、媒体化和游戏化的移动社区。

对于广告主来说，将广告发布到茄子悬赏上，能够通过悬赏广告，增加阅读量，同时能够做到定点投放，避免资源浪费。

而对于用户来说，浏览页面和广告，不仅能够获得赏金，广告趣味化悬赏化也更利于用户的主动传播。

在茄子悬赏中，丰富的品牌种类，为悬赏带来了诸多的主题。而拍照、画图等参与形式，使用户能够更方便、直接、及时地上传自己的应赏内容。同时，茄子悬赏还开展了各式各样的站内活动和有趣话题，例如紧随纪录片《苍穹之下》的"邀你参与雾霾调查"、"一张毁童年的照片""画出你心中龙的样子"等，通过深度、恶搞等不同类型的互动活动，吸引着白领、大学生等年轻一族不断入驻。

这种以"赏"为核心的互动体验，不仅在内容层面吸引了用户的直接关注，同时在二次传播上也达到了良好的效果，并且能够激起用户主动传播的意愿。业内人士认为，相比于以往常规的定点营销，茄子悬赏不仅仅是将信息准确地推送给用户，还激发了用户二次传播分享的行为，营销效果获得了提高。而移动社区的打造，在社交性、趣味性、互动性等内容方面的建设也增加了用户的黏度。在移动互联网时代，如何通过碎片化的时间来准确地抓住用户的注意力，已经成为关键。

据了解，目前茄子悬赏的新增用户正在逐步向一、二线城市转移。目前的合作企业包括农夫山泉、摩托罗拉、可口可乐、统一等国内外众多广告主。茄子悬赏方面也透露，新版 App 即将上线，对视频、音频等内容进行了优化，将以更简洁的样式呈现给用户。

5.5 诱饵战术

"诱饵战术"是通过有价值的载体在社群内引起关注，诱导用户购买的方法。在话题诱发出大家兴趣后,才能推出你的干货内容,在人群中借助群体兴奋完成导购,效率会非常高。

5.5.1 战术方法

比如通过干货分享推广自己的产品服务,@秋叶在学员群内让老师介绍 Excel 干货知识,有兴趣的朋友可以去购买更多学习课程。再比如很多社群组织的群员购买会员服务。这里可以让免费群员试听一次课程,然后加入付费会员,也可以让付费会员中期盼付更多钱成为高级会员。对于高级会员而言,付更多的费用,可以获得更多有关 Excel 的知识,也可以享受更多售后服务。

如果你有干货,也有产品,就可以主动参与大量的群分享,通过分享让大家熟悉和了解你,在最后巧妙引出你有更多服务,完成导购。但是要这样做,就得注意,必须谨慎。诱饵战术如图 5.9 所示。

图 5.9　诱饵战术示意图

没有社群,你跟用户是点到点的接触关系,只有用户跟我们小窗提出需求时才有销售机会。而有了社群后你和用户变成了点到面的关系,这时基于需求的情景营销的机会就会增多。

秋叶在参加灵机一动新媒体训练营时,在 600 人的 QQ 群分享干货,在线的大概有 400人。分享完《微信运营》干货后,学员很认可,纷纷表示想和秋叶老师学更多,于是秋叶就提供了一个新群号,让大家加入《和秋叶一起学职场技能》的内测,这个课程内测是需要学员付费参加的。

当天晚上就有 260 人加入新群,而且在秋叶反复提醒不要冲动购买,并等了 3 天,提供一个冷静期后,还是有超过 180 人购买了《和秋叶一起学职场技能》课程,当时每门课程内测价格是 99 元。

秋叶并不看重这一次收入,而是真正看重获得了一批大学生新用户,而且他们对秋叶并没有太多了解。如果课程不好,又是收钱内测,新粉丝会马上转为黑粉,如果课程经受住了检验,那么它就大有希望成为爆款课程。最后结果是课程很受欢迎,这次群逆向推广非常成功。

5.5.2 战术案例

诱饵效应,就是指人们对两个不相上下的选项进行选择时,因为第三个新选项(诱饵)的加入,会使某个旧选项显得更有吸引力。被"诱饵"帮助的选项通常称为"目标",而另一选项则被称为"竞争者"。

所以,诱饵营销简单来说,就是强化优势,让客户只买你想让他买的产品。

比如去到电影院,你看到有两种大小的可乐。小的要 5 块钱,大的要 12 块钱,你会买哪个?这时候你可能会比较难决策,又可能会根据自己的需要去选择相应的大小。

但是如果我说,再加一个中杯可乐,卖 10 块钱。这时候,80%以上的人,都会去选择买大的,因为多 2 块钱就可以多那么一大杯,那么这个中杯,就是"诱饵"。商家可能根本没想去卖中杯,只是想通过中杯作为诱饵来提高大杯的销量。

再比如,你有没有买过套餐以外的汉堡?如图 5.10 所示,肯德基、麦当劳这类的快餐店里的套餐一般包含汉堡、薯条和可乐,价格比单点汉堡贵不了多少。此时,快餐店一定会把单点汉堡的价格也展示出来,让消费者感觉薯条和可乐几乎就是白送的。这个单点的汉堡其实就是快餐店的"诱饵",为的是让套餐显得格外划算。

图 5.10 套餐

再比如你想买一个手机,看到一家店的标价是 3999 元,你可能还会犹豫,想对比一下,因为其他店的同款手机可能要便宜个几百块。但这时候店家给你一个手机话费套餐，买这个手机，送你总价 3999 元的话费，这样你是不是会觉得手机是白送的了？其实这只是店家"套路"你下单的诱饵。

我前几天想网购一本书，发现这本书的电子版是 19 元，实体版是 49 元，而实体版加电子版也是 49 元，于是我选择了最后一个选项，相信大多数人也会跟我一样，会选择实体书加电子书 49 元的产品。但我回来之后一想，感觉自己被诱饵营销了，因为如果把单买实体书 49 元这个选项去掉的话，大多数人都会选择 19 元的电子书，因为本来花 19 元就能看的书，加 30 元多买一本实体书，很多人就觉得不划算了。但是如果告诉我实体书是 49 元，电子书是 19 元，加在一起也是 49 元，我会觉得买实体书送电子书更划算。所以这个诱饵就让很多人掏了更多的钱，还觉得自己占了便宜，如图 5.11 所示。

图 5.11　诱饵示意图

这就是在消费中能控制你选择的哪种商品诱饵效应。你以为消费都是你自己在做决定吗？实际上你是在诱饵的影响下进行选择的。

但是设置诱饵也是需要科学思考的，不合理的诱饵，用户也不会感兴趣。那么如何设置合理的诱饵呢？可以从以下几个方面来考虑。

(1) 相关性，诱饵需要吸引的对象是用户，所以要思考诱饵是否和用户有关。

比如你做一个母婴活动，原本应该送育儿资料、书籍、动物园门票，但你却设置成了一个鼠标、一张电影票。虽然你在诱饵上付出了成本，但这并不是用户感兴趣的，这和用户无关。

(2) 另外诱饵和产品本身的关联性，最好你设计的诱饵是一个套餐组合。比如你卖奶粉最好送个奶瓶，卖手机送手机壳、手机钢化膜。看看超市的货架上，买 4 包方便面送两根香肠或者一个饭盒，买大瓶饮料送小包装的，这些诱饵都是和主产品有着直接或者间接关系的。

(3) 实用性，不要送用户一些没有实用价值的产品，哪怕是虚拟产品也是如此。比如用户充值了 100 元话费，你送他一张电子产品的满减券，这种成交率几乎为零。另外，实用性还有更重要的两点是即时性和可预见性。即时性就是立马可用，这样用户才会觉得爽，比如送无门槛的，或者可以立马提现的、兑换的购物券。

可预见性就是哪怕现在用不了，但是根据以往的活动组织规划，或者现在的情况可预见在不久的将来用户可以兑换、参与相关优惠活动，而不是不确定的。

(4) 高价值，诱饵对于用户要有吸引力，很关键的一点就是用户觉得物有所值，觉得自己赚到了。

比如送购物满减券的时候，满 100 元减 1 元等于没减，一点吸引力都没有。再如用户买了一份线上课程，你送几百份资料比送一张 9.5 折券更有价值。

高价值除了体现在诱饵本身外，还要考虑用户付出的成本对比，尤其是在用户获取诱饵的路径上要去思考。对于用户来说会考虑活动是否麻烦、是否需要花费大量时间。

比如用户是仅需添加微信即可，还是需要用户既添加微信，又要入群，又要转发，还要关注账号等，让用户操作的路径越多，信任感越低，价值感越差。

一句话总结诱饵营销：红花之所以吸引人，很多时候是由于绿叶的陪衬。

5.6　定　点　战　术

"定点战术"针对社群行动，需要找到社群的所在地、熟悉社群结构、了解社群偏好，并从社群成员的心理和行为入手。

5.6.1　战术方法

以往的销售经常是一对一的，找到一个个符合你的产品定位的用户，本身就需要消耗大量的成本。而社群化的趋势给销售带来了一种可能，那就是当你找到一个符合你的产品定位的用户时，你可以顺势从他身上入手，顺藤摸瓜打入他背后跟他有一样特征的社群，一下子找到一群目标客户群。以这个群为入口，通过了解与互动，进而可以找到更多定位相仿的社群，不论是效率还是成交率，都将大大提升。定点战术如图 5.12 所示。

比如秋叶老师有个朋友是卖 T 恤衫和纪念品的，开始创业的时候每个月销量没多少，又没钱砸广告做推广。后来他突发奇想，开始通过论坛和线下活动，加入了某明星的粉丝群。其实他根本不追星，但是他头脑灵活，在每一个群里都很活跃，一会儿在这个群谈论明星最新的综艺节目，过一会儿他又在那个群就某个新闻为明星鸣不平。

图 5.12　定点战术示意图

秋叶老师的这位朋友风趣幽默，又很能侃，平时在各个群里刷足了存在感。然后他的 T 恤和纪念品里有大量跟明星相关的定制元素或纪念品，经常还更新明星同款服饰，生意好得不得了。

所以"定点战术"主要是针对没有影响力自己建社群的人。如果你没有自己的群，就瞄准特定目标客户社群，作战前摸清社群散布图，找到据点深入打入，刷存在感，就可以顺势完成营销。

那么，怎么寻找社群？

第一种方法是搜索。

直接使用 QQ 群搜索查找相关的群。百度"××QQ 群""××交流群"等关键词。

搜索相关的明星或核心人物的微博、论坛等平台，从中寻找线索，然后顺藤摸瓜。这些平台经常会有很多的活跃分子，他们一般都加了一大把相关的群。

第二种方法是参加线下活动。

你经常也会有这样的体验，参加线下活动的时候，经常是大家聚在一起，然后有人就会提议说，为了方便咱们建个群吧……或者已经有现成的群，把没有在里面的人拖进去。而且线下活动可以认识很多社群的铁杆群员，他们都可以帮你引荐，让你更容易加入。

要想多参加线下活动，一方面可以多关注相关的信息平台，比如小米社区就有专门的板块，分区域发布相关线下活动的地点、联系方式等，还有很多微博账号也会发布相关信息；另一方面，你也可以自行发起某主题的线下活动，比如豆瓣的同城活动。

用以上任何一种方式，只要你能够进入一个社群，就可以挖到更多的社群，所以难在最初的入口，一旦进入即可顺藤摸瓜。

另外，特别提醒，你要做的不是入群发硬广告，而是做个招人喜欢的人(见图 5.13)。

比如讨论话题风趣幽默——意思好玩的人；

图 5.13　如何做个招人喜欢的人

比如有人求助快速反应——乐于帮别人的人；

比如经常在群里做分享——能带来价值的人……

当用户对你认可了，他对你的产品才放心；当用户对你这个人产生了喜欢，你加用户的个人号用户才会毫不犹豫地通过。

所以，做营销其实还是先做人，而不是推广告，请时刻谨记你是一个专业信息的分享者，而不是一个硬广的推广者。

5.6.2　定点营销

1. 理论说明

定点的客户定位是营销策略的基础。定点营销能提供高效、高回报的个性化沟通。过去营销活动面对的是大众，目标不够明确，沟通效果不明显。定点营销是在确定目标对象后，对客户的生命周期进行划分，然后抓住消费者的心理，进行细致、有效的沟通。

定点营销为客户提供增值服务，为客户细致分析，量身定做，避免了用户对商品的挑选，节约了客户的时间和精力，同时满足了客户的个性化需求，增加了顾客让渡价值。

发达的信息技术有益于企业实现定点化营销，"大数据"和"互联网+"时代的到来(见图 5.14)，意味着人们可以利用数字中的世界映照出现实世界的个性特征。

(1)　助力客户信息收集与处理。客户数据收集与处理是一个数据准备的过程，是数据分析和挖掘的基础，是搞好定点营销的关键和基础。定点营销所需要的信息内容主要包括描述信息、行为信息和关联信息等。

① 描述信息是指顾客的基本属性信息，例如年龄、性别、职业、收入和联系方式等基本信息。

图 5.14 "大数据"和"互联网+"示意图

② 行为信息是指顾客购买行为的特征，通常包括顾客购买产品或服务的类型、消费记录、购买数量、购买频次、退货行为、付款方式、顾客与企业的联络记录，以及顾客的消费偏好。

③ 关联信息是指顾客行为的内在心理因素，常用的关联信息包括满意度和忠诚度、对产品与服务的偏好或态度、流失倾向及与企业之间的联络倾向。

(2) 客户细分与市场定位。企业要对不同客户群展开有效的管理并采取差异化的营销手段，就需要区分出不同的客户群。在实际操作中，传统的市场细分变量，例如人口因素、地理因素、心理因素等由于只能提供较为模糊的客户轮廓，已经难以为定点营销的决策提供可靠的依据。

大数据时代，利用大数据技术能在收集的海量非结构化信息中快速筛选出对公司有价值的信息，对客户行为模式与客户价值进行准确判断与分析，使我们有可能深入了解"每一个人"，而不只是通过"目标人群"来进行客户洞察和提供营销策略。

大数据可以帮助企业在众多用户群中筛选出重点客户，它利用某种规则关联，确定企业的目标客户，从而帮助企业将其有限的资源投入到这部分的忠诚客户中，即把营销开展的重点放在这最重要的 20%的客户上，更加关注那部分优质客户，以最小的投入获取最大的收益。

(3) 辅助营销决策与营销战略设计。在得到基于现有数据的不同客户群特征后，市场人员需要结合企业战略、企业能力、市场环境等因素，在不同的客户群体中寻找可能的商业机会，最终为每个客户群制定个性化的营销战略。每个营销战略都有特定的目标，例如获取相似的客户、交叉销售或提升销售，以及采取措施防止客户流失等。

定点的营销服务，动态的数据追踪可以改善用户体验。企业可以追踪了解用户使用产品的状况，作出适时的提醒。例如，食品是否快到保质期；汽车使用磨损情况，是否需要保养维护等。

流式数据使产品"活"起来，企业可以随时根据反馈的数据作出方案，定点预测顾客的需求，提高顾客生活质量。针对潜在的客户或消费者，企业可以通过各种现代化信息传播工具直接与消费者进行一对一的沟通，也可以通过电子邮件将分析得到的相关信息发送给消费者，并追踪消费者的反应。

(4) 营销结果反馈。在大数据时代，营销活动结束后，可以对营销活动执行过程中收集到的各种数据进行综合分析。从海量数据中挖掘出最有效的企业市场绩效度量，并与企业传统的市场绩效度量方法展开比较，以确立基于新型数据的度量的优越性和价值，从而对营销活动的执行、渠道、产品和广告的有效性进行评估，为下一阶段的营销活动打下良好的基础。

2. 战术案例

中意人寿保险通过定点营销方案，销售额提升 5%。中意人寿保险成立于 2002 年，是中国加入世界贸易组织后首家获准成立的中外合资保险公司。目前中意人寿注册资本 37 亿元，总资产 700 多亿元，100 余家分支机构遍布全国。2019 年销售总额 168 亿元，利润总额 20 亿元。

(1) 建立大数据平台，建立集团的企业级数据中心，实现集团数据资源(结构化、半结构化和非结构化数据)的归集、整理、加工和分析，利用数据相关技术建立数据应用模型，为全网提供决策支持、产品创新等服务，如图 5.15 所示。

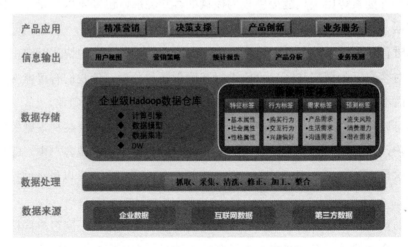

图 5.15 数据技术及应用

(2) 客户画像，提高营销行动效率，慧都大数据团队工程师和行业专家，深入客户现场，结合企业的保单数据、客户数据、营销数据，利用不同的模型和算法，生成客户多样化标签(见图 5.16)；根据客户不同偏好进行分组；帮助管理者和业务人员区分客户的重要程度和购买力。

图 5.16　标签示意图

(3) 定点产品推荐，提高销售转化率，根据企业的订单数据、客户数据、营销数据等特点，结合所有定点推荐算法，实现"千人千面"的个性化产品定点推荐，如图 5.17 所示。

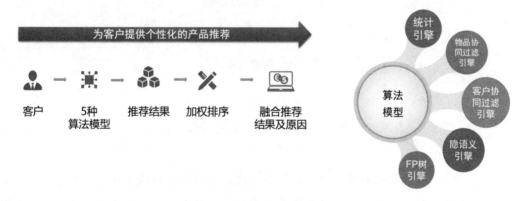

图 5.17　推荐示意图

(4) 代理人预测分析，提高销售管理效率，根据企业历史数据，获取代理人的相关基本信息，用机器算法，对续期概率进行预测，如图 5.18 所示。

(5) BI 自助分析，实现数据驱动管理决策。BI 系统收集全量数据，集成算法模型，输出各个业务自助分析应用。让管理者了解如何在销售管理中合理划分销售区域和指标，深入解读如何实现定点的销售预测，合理配置资源，如图 5.19 所示。

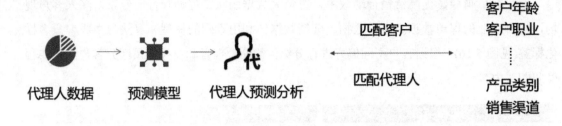

图 5.18 分析示意图

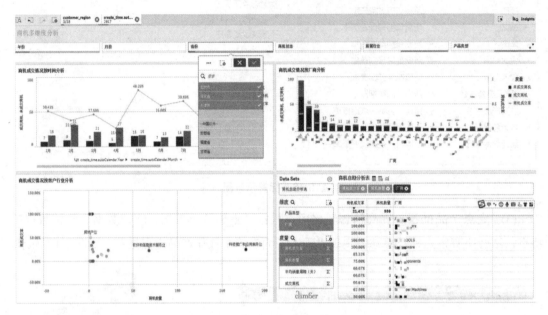

图 5.19 BI 自助分析

5.7 降维战术

社群是一个需要从社群结构、社群规则等方面共同解决的系统工程。许多人创建的社群根本不能称为社群,为什么这么说?因为从系统的角度来看,系统是由一组相互连接的元素组成的,可以实现一个目标的整体。许多社群都有元素,但没有连接,更不用说目标了。

5.7.1 战术方法

2015 年 3 月 5 日上午第十二届全国人大三次会议上,时任国务院总理李克强在政府工作报告中首次提出"互联网+"行动计划。

"互联网+"中的"+",是指传统的各行各业。在这个过程中,互联网和传统企业联合,为用户创造价值,也成就自己的新价值。

现在全国上下都在谈"互联网+",大多数传统企业对"互联网+"还是感到非常困惑的。

网站早做了,微博开很久了,App 也做了,微信运营蛮拼的,就是没有什么人点赞。

还有那个大数据,就我们这点盘子,怎么也大不起来。

正是因为这一点,有的社群看到自己可以和传统企业结合,展开跨界营销。很多人应该记得,罗振宇最早提出来的口号是:"一群人团结起来占其他人便宜。"

罗振宇敢这样做的理由是,他相信有人格魅力的人与有共同价值观的人互相之间的推荐和信任,将构成未来互联网社会的基本组织形态,而商业也必然要基于这种形态进行再设计,所以我们当然可以占别人便宜。

"团要"就是白拿都行,这简直是对企业现有商业模式的降维攻击(见图 5.20)。

图 5.20 降维攻击示意图

我们并不完全认可罗振宇"团要"的逻辑,因为"团要"成立前提是他的粉丝具有颠覆传统模式的能量。我觉得目前的社群,拥有这种能量的,大概只有小米的粉丝,但也局限在特定产品。

反过来说,我们认为传统企业的确可以借助优秀社群的力量,实现向互联网的升维传播。

传统企业要借助社群资源,我们认为应先做到以下 3 点。

(1) 完成对社群的分享传播。

比如很多出版社和秋叶 PPT 社群合作,主动给普通社群成员免费送书,请他们做出优质的 PPT 作品,然后通过秋叶 PPT 的微博、微信号分享,同时也拿到自己的微博、微信,甚至是网店上分享。

这样，出版社就精准覆盖了秋叶 PPT 社群爱学习、爱阅读、爱动手的小伙伴，很多小伙伴认同作者的分享，直接就去买书。

(2) 把社群分享转化为社群的结构化输出。

每次通过作者分享，出版社赠书，热心的小伙伴又主动把收获转化成精美的 PPT，这就是社群模式下产生的结构化输出。

再加上借助秋叶社群微博、微信矩阵的能量，不断放大 PPT 传播效果。这种合作，实现了出版社、作者、读者和社群的四方共赢。

(3) 一起推广放大。

更有意思的是，当通过社群整合起四方资源后，发现自己有更大的能量说服更多资源和我们连接。比如秋叶老师可以让多看电子书、百度阅读、网易云阅读对自己的 3 分钟教程系列电子书提供优先支持，然后电子书出来借助社群的能量传播。这样电子书平台获得了流量，秋叶 PPT 品牌也得到了传播。

这种能量的扩大又反过来使得更多出版社愿意合作。无独有偶，像百度云网盘也对秋叶 PPT 团队的原创作品提供特别待遇，经常给首页广告位，让普通社群成员的作品传播更广，得到了更多的跨界连接，从而进一步扩大了社群的能量。

5.7.2 战术案例

今天的人们提起淘宝、易趣之争，总会想起淘宝是以免费为王牌，在两三年内就将沿袭易贝收费模式的易趣赶下国内第一宝座，并最终让易贝在中国的市场开拓彻底失败。这次交锋无论从时间还是后续影响来看都堪称是载入史册经典的"降维打击"了。

但如果凭借这样的印象就认为易趣或者易贝不懂中国市场或者只想着眼前利益才失去了这天大的蛋糕，那就失之偏颇了。邵亦波在 1999 年创立易趣的时候就明白要做易贝模式的本土化，免费是非常重要的。所以易趣也是在稳坐行业龙头之后才开始针对交易全面收费。后来，在易贝接手易趣之后，当时的首席执行官梅格·惠特曼也认为考虑到中国市场的发展潜力，易趣五年内不需要盈利。易趣在收费后又开始降低费用也是来自易贝为应对新兴淘宝的挑战而作出的决策。

因此，单纯商业策略上费用的减免并不足以解释易趣面对淘宝网的一路溃败直到彻底边缘化。马云的"降维打击"得以成功的背后不仅仅在于表层的"免费"。

先从两者的血统——易贝与阿里巴巴说起。易趣可以说就是本土化的易贝，其商业模式与母版类似，是以竞价拍卖模式为主的 C2C。但值得注意的是，易贝在美国第二年就实现了盈利，后来在加拿大、欧洲、韩国等 20 多家分号也全部盈利。但模仿易贝的易趣在成立五年后依旧挣扎于盈利与市场开拓的矛盾中。这首先与中国的国情有关：①中国消费者没有美国人那种激进的消费观念跟能力，买回来的商品常常是用到坏为止，也因此中国没有丰富可供二手交易的产品，中国人也没有普遍购买二手产品的观念。2005年前后的中国网拍市场(当时主流的还是网拍而非网购)最火热的商品一直是手机等电子产品(因为适合二手交易)。再加上支付手段与快递行业的缺位，"线上谈价线下交易"的模式使得当时网拍市场的用户主要集中在上海、北京等大城市。②中国信用卡金融落后，全社会信用体系没有建立，而C2C最大的瓶颈就在于网上交易的诚信问题。做阿里巴巴B2B起家的马云最早不看好C2C就是因为难以克服的信用问题。邵亦波为了将易贝模式引入中国，早期不仅使用了免费的手段，诸如实名认证、商品评价、买卖双方信用打分等方法也一直被沿用到了今天。特别是2000年年底推出的"易付通"，由第三方介入先验货再放款的机制被后来的支付宝等所模仿。

诚信制度的建立正是易趣在一众拍卖网站中熬过2000年前后互联网泡沫危机的核心竞争力，良好的交易环境下五成以上的商品成交率也是老易趣用户很长一段时间内依旧保持忠诚度的原因。正因为如此，开始收费对于当时的易趣来讲除了缓解不盈利而带来的现金流压力外，也能够对用户质量与交易的真实有效性产生一个筛选作用，基本算是一件顺理成章的事情而不是因为只盯着眼前利益。

没有大环境支持，依靠一己之力苦苦维持信用体系与商业环境，这限制了易趣开拓市场的脚步。

成为行业老大的易趣并没有摆脱C2C发展的困境，原因就在于拍卖机制中买卖双方的博弈属性。一个典型的事例：2004年5月7日，为了吸引新用户，易趣网发布了通知，将取消卖家登录物品时对买家资格进行限制的功能。这引发易趣老用户的强烈反弹。以现在流量为王的视角来看似乎难以理解。但从拍卖角度来看，因为存在恶意竞拍的行为，卖家往往会限制新注册不熟悉规则的买家来维持竞拍秩序。但这与易趣急于开拓市场的愿景是相悖的，为此一向低调的邵亦波不得不亲自发文进行解释安抚用户。但是仍旧挡不住一大批易趣卖家转向了竞争对手淘宝网的怀抱，因为淘宝的商业氛围对卖家更友好，这是做B2B起家的阿里巴巴决定的。

现实困境之下，易趣网取得行业龙头位置并没有那么舒服反而处于一种尴尬的状态：2004年6月，中国移动按照其全网SP考核规定，取消了易趣全网SP资质。作为国内最大网上交易平台的易趣其全网短信流量中(短信提醒业务)非上海地区的竟然只有5%，因此直接被降级成本地SP。结果这使得其他地区用户只能通过邮箱接收提醒。从这一点就可以知道，在成立五年后，易趣实质用户群体依旧局限在上海。

从易趣角度说完，再看看淘宝。阿里巴巴在B2B领域一举成功的背后也还是出口制造业在全球崭露头角进而崛起的国情在起作用。这种影响延续到淘宝上，就是阿里巴巴的商户资源与淘宝以免费为手段吸引的大批个人用户相结合。2003年7月8日，淘宝成立时，阿里巴巴首席执行官马云这样解释：这是一个个人在网上做买卖的平台，你可以在淘宝网上开家店做老板，也可以像逛街一样每天上去淘淘宝贝，无论是企业还是个人都可以在这里做生意，感受网上社区交易的乐趣。这种定位已经超出了以竞拍模式为主流的C2C，而出现B2B、B2C、C2C相互配合衔接的格局。不久之后淘宝就宣布阿里巴巴的商户可以直接在淘宝开店，同时阿里巴巴的存在也为淘宝提供了可靠多样的进货源。最重要的就是以免费的低门槛再加上遍布全国的多渠道货源成功地将网购市场扩展到了上海、北京之外的其他城市，而这几乎是易趣基本没有涉足甚至哪怕"免费"也难以涉足的蓝海。与易趣基本上同期成立的网上交易平台也有做B2C的，但却没有淘宝背后阿里巴巴的独特资源，与一些地方性、专业化的B2B网站(如专门的丝绸交易网站)也不具备合作的可能性，再加上互联网市场的不成熟，因此并没有对易趣产生冲击。如果说淘宝免费是针对易趣收费的"降维打击"，那么这种阿里巴巴与淘宝结合的商业模式就能称得上是产业链上的"轨道轰炸"了。反过来，易趣面对淘宝只能联合门户网站祭出广告封杀的滥招。

这就是为什么易趣在成立五年之后，占了90%的市场但用户数量仍旧保持在百万级别且无法盈利，而淘宝在成立一年之后的2004年7月就在流量与网络人气指数等多项指标上超越了易趣的原因。到了2005年12月，淘宝的用户与成交量正式成了行业第一。

但是，如果考虑蓬勃发展、急剧扩张的中国互联网市场，作为先行者的易趣只要坚持下来，也不至于沦落到现在几乎无人问津的地步。如今闲鱼、58同城，还有风头正盛的二手车市场，这些都证明易趣为了网上诚信问题曾经付出的苦苦坚持确实是对的。即使是淘宝，在用户、交易数量急剧攀升之时，也不得不考虑如何长远盈利的问题。

因为"降维打击"能够成功的一个关键因素就是如何让攻击者自身能够在低维空间里生存下来，否则对他人的打击也会变成对自己的威胁而最终进入恶性循环。最典型的教训就是过去一年以共享单车为典型轰轰烈烈的共享经济，在光砸钱、全免费、抢押金的一窝蜂下，不仅搅乱了整个市场环境，最后还落了个一地鸡毛。今天的共享单车市场可以说已经进入拼盈利能力的下半场了。

回到易趣与淘宝，如果说前半场淘宝在市场争夺上以免费的手段凭借先天血统优势占得先机，那么让淘宝走上神坛而易趣跌落深渊的，就是后半场阿里巴巴与易贝、支付宝与贝宝的交锋了。这背后则是出资收购易趣的易贝在决策上与中国国内市场的发展轨迹以及监管风向的渐行渐远。

本章小结

本章主要介绍如何借助社群做传播，其中主要介绍了 7 种战术，包括头狼战术、蚂蚁战术、攻城战术、悬赏战术、诱饵战术、定点战术和降维战术。社群运营者可以可以不同情况利用不同的战术，发挥社群强大的力量。

相关法律法规

《中华人民共和国网络安全法》总则第九条规定：网络运营者开展经营和服务活动，必须遵守法律、行政法规，尊重社会公德，遵守商业道德，诚实信用，履行网络安全保护义务，接受政府和社会的监督，承担社会责任。

第十条规定：建设、运营网络或者通过网络提供服务，应当依照法律、行政法规的规定和国家标准的强制性要求，采取技术措施和其他必要措施，保障网络安全、稳定运行，有效应对网络安全事件，防范网络违法犯罪活动，维护网络数据的完整性、保密性和可用性。

第十一条规定：网络相关行业组织按照章程，加强行业自律，制定网络安全行为规范，指导会员加强网络安全保护，提高网络安全保护水平，促进行业健康发展。

思考题

1. 简述头狼战术的概念。
2. 简述蚂蚁战术的概念。
3. 简述攻城战术的概念。
4. 简述悬赏战术的概念。
5. 简述诱饵战术的概念。
6. 简述定点战术的概念。
7. 简述降维战术的概念。

第 6 章

社群的未来畅想

随着社群经济的发展,传统企业向移动互联网转型的需求日渐迫切。社群运营在推进用户与企业更快速、更直接的连接的同时,实体产业也对运营力提出了更高的要求。社群运营精细化、社群品牌专业化,是社群更进一步进行商业化发展的关键环节。

6.1 从"强关系"到"弱关系"

长期上网的人,恐怕都有过加入某些群的经历。起初带着激动和兴奋的心情,怀着良好愿望入群,但加入一段时间后,却发现群里充满了灌水、刷屏、广告,甚至两个群友一言不合,就变成争吵,于是自己愤而退群。

6.1.1 变化过程

回顾历史我们发现,技术的变革带来了行业的变革,行业的变革又带动了生态的变革,如图6.1所示。

图 6.1 变革示意图

互联网+通信=即时通信。

互联网+零售=电子商务。

互联网+民生=?

互联网+教育=?

互联网+金融=?

互联网还会革哪些行业的命?

每个人心中都有原始的部落情结,开放的互联网带来了无限的信息量,越来越多的人尝试打破原先自己封闭的圈子。在封闭的圈子被人性需求打破的过程中,势必要带来社群经济的发展,社群电商、兴趣型社群、行业型社群在近两年都在崛起。

当下的年轻一代,他们追求个性,追求自我,并希望找到同类的部落,一起玩耍。而科技的发展尤其是社交媒体的日趋成熟打破了时间和空间的限制,不但让连接每一个个体成为可能,也让信息扩散速度大幅增加。每一个个体的声音都可能在一瞬间被放得很大、很广、很远。

所以有人说，未来的互联网是垂直社群的时代。想象一下，随着这些年轻人渐渐成为社会中坚力量，当他们的独特观念变成普遍观念，当他们不再看电视、海报、杂志报纸上的广告，当他们不再相信明星的代言，而是关注社群朋友们在朋友圈里的赞美或吐槽，询问社群里的小伙伴，相信社群领袖在分享中的推荐。

这个世界将会怎样？一个人的口碑很可怕，那么一群人聚在一起的口碑呢？当别人在一个 200 人的群里说你的产品差时，很有可能你就少了上百个客户。所以未来的商业，聚焦社群很关键，如图 6.2 所示。

这样的圈子算社群吗？
我认为不是，因为这还是基于传统人脉关系的群

图 6.2 社群

一旦"社群经济"成为一个热门词，但凡是个活跃点的群，谁都想搭上"社群"的热潮，创造出一点"互联网+"的新机遇。但只有走出基于亲友、同事、职业圈等强关系建立联系的"群"才有机会变成"社群"。

一个社群的发展不仅在于把线下的关系、互动通过互联网工具建立一个备份，还要能够摆脱内部引荐、推荐等扩展成员方式，因为那些都是线下就存在的强关系。社群，特别是有规模的社群，彼此之间建立连接的方式一定要基于"弱关系"。

例如，企业和渠道商、供应商、代理商的关系是强关系，但是和企业产品的消费者往往是弱关系。为了维护弱关系，企业不得不通过大量的广告来覆盖和影响潜在消费者，让他们对企业产生好感。如果社群能够通过"弱关系"连接提升消费者和企业的连接亲密性，那就意味着广告投入的大幅减少。

6.1.2 思维方式

1. 弱联系及其作用

根据六度分隔理论，社交网络具有很强的发散性，如果充分发挥弱联系的作用，我们就可以尽可能多地获取各个领域的不同信息。在社群建立之初，我们如果想要快速获取较多的"目标用户",可通过社交网络中的弱链接帮助社群迅速扩散,建立起属于自己的用户渠道。社群成员通过弱联系不断与外界沟通获取新的信息,不同成员都有自己的圈子,而社群不断发展壮大,则使圈子与圈子之间不断产生新的弱联系,因此社群也得以不断注入新鲜血液。

1) 用户基数的辐射型增长

在弱关系网络中,尽管社群成员之间亲密度有可能会比较低,但通过弱关系建立起来的关系网分支繁多。由于成员数量庞大,关系网的"直径"较长,一旦连接后就可以实现信息的快速传播和裂变,有效扩张社群边界,实现基于弱关系网络的多元用户协作。社群营销正是通过赋予不同时空场域中的个体不同身份,将个体通过不同的主题社群进行连接聚合,从而形成具有共同属性的消费社群。微博、微信等社交媒体的普及和发展使得弱关系的发展速度越来越快,范围越来越广,从而衍生出不同类型的社群。

2) 裂变营销

裂变营销是弱关系在社群运营中发挥强大作用的典型案例,其本质可以说是通过不同的社群成员利用社会网络强大的弱链接把社群中的用户变成了推销员。所谓裂变营销和之前社交媒体中的"病毒式"营销有着异曲同工之妙,其本质都是通过各种渠道、手段去扩散自己的内容或者产品。不同的是,裂变营销是以一定的利益点吸引用户。如果用户想要得到这个利益,就需要主动将其内容或者产品在自己的"圈子"中扩散,而圈子里的弱联系得到这个信息后,也有可能参与进来,从而实现辐射性扩散。

3) 拓展社群扩张的渠道

弱关系网络可以有效融合跨社群资源优势,弱关系社群间的叠加将呈现规模效度的级数增长。弱关系网络在社群渠道的扩张作用表现在不同类型社群的交叉互换作用,及发掘整合不同平台之间的合作上。以微信中的裂变营销为例,微信中的裂变针对不同目的而使用的平台组合和增长方式是多种多样的,如公众号+微信群、公众号+个人号、个人号+微信群、微信群+外部链接等。

据统计,2018年微信用户已达10.4亿,社群中不同成员几乎都有着自己的微信号,以及自己圈层的微信群及自己感兴趣的微信公众号。通过研究社群成员喜好,精准定位其需求,就能打动多数社群成员的利益点,即可最大限度利用不同社群成员的不同维度的弱关系网拓展自己的社群渠道。比如我们可以通过针对性活动,促使社群成员主动将带有导向微信群、微信公众号的内容转发至自己的朋友圈或者微信群,也可以通过一定利益点促使其直接将各自弱关系网中的成员聚拢到特定渠道,然后通过不同渠道中的弱关系相互转化,去扩展自己的社群扩张渠道。

2. 强关系及其作用

强关系:社群维护、活跃的支撑点。由强联系建立起来的关系往往会更加牢固,社群成员之间的亲密度及互动频率也相对较高。因此，透过强连接所产生的观点的认同度是相对较高的，强关系更容易在社群中产生更为牢固的亲密度，高度的互动频率也会强化原本认知的观点。因此，强关系在社群规模达到一定程度时，在维护社群的活跃度和健康值方面发挥着特有的作用。

(1) 核心用户圈的维系。随着社群的建立与发展壮大，在社群中根据成员的不同角色我们可以大致把社群成员分为三类。一是社群管理层，即最高层，负责制定社群所实行的规则、扩大社群的规模，以及社群文化价值的构建。二是核心参与层，即活跃度较高的社群成员，在社群中引起话题、诱发讨论，拥有一定话语权和影响力，并扮演社群中的意见领袖。三是普通用户层，即社群中最普遍的参与者，对群内活动选择性接受和参与。强关系对社交深度的诉求通常由小规模社群来贡献，社群管理者需要与群内意见领袖和核心成员多加互动，提高社群活跃度，吸引一般用户参与消费，从而延长社群生命周期。以秋叶PPT为例，在秋叶的社群成员不断扩张的同时，他们也会专注所谓的"高端群"的运营。管理者会不断寻找优质的用户，将被邀请至VIP会员群，会员可直接接触社群经济中高端人脉。通过核心群维系与"高端成员"之间的关系，通过这些核心成员产出高质量内容，从而达到辐射整个社群成员的目的。

(2) 强化社群之间成员的情感联系。从一定程度上说，情感联系是社群的灵魂，只有成员认同归属社群，与社群之间有深厚的情感联系，这个组织才能长久。因此，通过强关系多进行线上和线下的互助、活动等，有利于保证社群的凝聚力。如果一个社群通过建立这"四感"而有了规范、质量、战斗力和凝聚力，那么它一定能长久运行下去。建立强关系网络，需要社群成员彼此熟悉、传递归属感和影响力。在互联网构建的虚拟空间中，强关系帮助社群成员建立更强的信任感。信息共享主体之间的关系强度通过影响消费者的情感态度，从而对受众品牌态度产生一定影响。

3. 强弱关系相互作用

社群运行的核心是利用强弱关系细分社群成员以达到精准服务。在互联网时代，用户为王的观念在一定时期内依然会成为主导各大平台运营的核心观念，在同质化相似平台的冲击下，想要获取稳固地位的平台运营者首先要考虑的是：如何通过给用户提供专业化的优质服务才能留住用户。移动互联网时代，因信息技术和社交习惯的不同，消费者的行为方式也发生巨大改变，社群具备了新的竞争特征。虽然社群成员大多是基于相同或者相似的爱好、目的而聚集在一起的，但是每个人的个性化需求是多种多样的，有的社群成员仅仅因为一时的兴趣而加入这个社群；有的社群成员则是带着很强的目的性及需求加入某个社群的；还有的社群成员是通过一层一层弱关系而被动加入进来的。这个时候，社群的运营者要学会分辨不同社群成员的不同属性及需求，给每个社群成员定义一个标签，区别服务，从而抓住明显的目标用户和挖掘深层的潜在用户。社群运营中一定要存在"差别"性服务,这样才能不断地刺激普通社群成员向潜在用户靠拢,单纯、机械地提供同质性服务,是没有办法激活社群成员需求的。

社群运营者必须按照强弱关系,深入社群内部,与社群成员互动、沟通,并进行深入洞察和敏锐捕捉,通过对强关系成员及弱关系成员的精准定位,挖掘其特定需求,打造独具特色的专业化社群。

协调强弱关系作用以实现社群营销。不同于传统营销,社群成员之间不是一对多的自上而下的单项联系,社群的组织成员之间是多对多的网状联系。他们通过在社群内部进行频繁的信息资源交流共享、话题讨论,不断通过资源信息互换进行价值再创造。社群营销正是发挥了社群的交互性优势,通过重新塑造品牌、社群、消费者的关系,将经典营销理论中的定制营销、关系营销、口碑营销和体验营销充分融合,将一种新的营销模式呈现在人们眼前。社群内部既有广泛的弱关系,也有深层的强关系,用户群体对网络的使用度和在网络中的交互度越高,其创造力就越强。社群的运营一方面要通过口碑传播实现快速的社群用户规模增长,增加弱关系连接,以求大规模的平台效应;另一方面要重视强关系的管理,不断提升社群用户的情感价值,吸引用户持续使用,同时组织社群活动实现线上和线下的交融,增加用户的黏着度和活跃度,从而显著增加连接的紧密程度。

6.2 从"内部活动"到"共同价值"

企业可以依据企业文化、产品特质、员工个性先建立内部社群,并形成群的亚文化,再慢慢走向开放,引入外部的积极用户,最后形成内外的双向交流。

6.2.1 实现方式

仅仅是从"口碑营销"的角度,每一个公司都要思考如何围绕自己的产品建立"社群"。但是企业要完成从"强关系"到"弱关系"的连接转化,不是简单地建立几个用户群、派几个人作管理员、制定一些规章制度就能够实现的。

很多企业都尝试建立过社群,无论是用"QQ群"还是"微信群",最后都发现群要么沦为刷屏灌水群,要么成为单向推销的死群,要么变为只有发福利才能刺激活跃度的群。

这也意味着基于利益或者制度的群是缺乏长期生命力的,除非社群内部逐渐形成共同认可的价值观,并基于这种价值观形成内部的群文化。

我们建议企业要依据企业文化、产品特质、员工个性先建立内部社群。

这个内部社群可以是一个小圈子,先在内部形成和产品连接的亚文化,这种亚文化慢慢走向开放,引入外部活跃的积极用户,最后形成内部社群和外部社群的双向交流,如

图 6.3 所示。

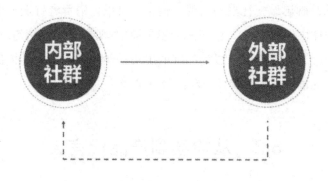

图 6.3 内、外部社群

6.2.2 社群共创价值的表现

随着互联网的出现，社群日益虚拟化，现实的线下集群也向线上转移，建立线上社群的成本更低，交流更加便捷，社群已成为消费者与消费者、消费者与企业沟通互动的重要平台和载体。另一方面企业既可以从社群获得大量消费者需求信息，实现精准营销，又可以与顾客互动交流，协同创新，满足消费者的体验需求。可见，社群的商业价值日益凸显，社群将进一步激发价值共创，并实现价值共创。

(1) 获得创新动力。通过社群，企业可以与顾客在价值链各环节协同创新，提高自身创新研发能力和营销能力。社群海量的信息流动，是企业实现精准营销的大数据库和创新源泉，通过分析大量交互信息可以获取消费者的需求信息和最新的创意构思。这些信息有助于进一步提升企业的创新能力，帮助企业打造出符合更多消费者个性化需求的产品和服务。

(2) 降低成本。社群网络媒介的发达，快速的传播速度，信息的大范围覆盖，受众的庞大数量，使得网络营销的效果成倍放大。社群可以为企业培育核心用户，挖掘潜在用户，利用社群影响力和核心用户实现口碑传播，降低营销成本。此外，通过虚拟品牌社群和顾客互动交流，获得关于顾客需求和偏好的大数据，降低了市场调研成本。

(3) 赢得品牌声誉。作为与顾客互动交流、推动价值共创的平台，企业可以在社群发布关于企业的产品和服务信息，组织各种丰富多彩的社群活动，传递品牌价值理念和品牌文化，使得消费者在群体活动和互动交流中的体验需求获得极大满足，并产生群体认同感，进而深化为品牌认同和品牌忠诚，进一步增进了企业与顾客的关系。企业利用品牌社群培育了自己的核心用户和意见领袖，使得他们自愿充当企业品牌的宣传员、企业声誉的维护者。

(4) 维持顾客忠诚。企业通过网络品牌社群和消费者广泛交流互动，深入地了解消费者的个性化、差异化需求，为消费者提供定制产品和更周到的服务，可以增加顾客的黏性，提升并维持顾客的品牌忠诚。社群的出现，使企业可以为消费者打造一个互动交流、体验群体活动、参与群体协作的平台。这个平台让顾客的体验需求和情感需求得到极大的满足，使得他们对品牌更加信任和忠诚，成为品牌的忠实粉丝，并且会主动担任品牌的宣传员和营销员，带动身边的群体加入品牌体验和品牌维护中。

6.3 从粉丝到产品代言人

既然选择平台对社群进行维护，那么就少不了平台所提供的管理工具。

6.3.1 对比

小米公司的社群平台其实是通过论坛积累的。最开始小米公司发布论坛只是想给自己的用户提供一个交流及服务平台，但是小米从领导到每一个普通员工都是手机发烧友，所以小米社区在早期就形成了发烧友文化。

在这种文化熏陶下，小米很容易发现一些积极的用户，并把这些用户组织起来，号称"100个铁杆米粉"。这些米粉数量维持在八十个左右，核心的二三十个不会动，其他五六十个会不停地出去、进来，不断地更新。

这些铁杆米粉会积极参与小米的发布会、活动，也会对小米吐槽，小米专门派一个人维护这些米粉的关系。这些铁杆米粉在手机发烧友圈子很有影响力，大家一提就会知道。这些铁杆米粉影响的粉丝是17万左右，实际上铁杆粉丝已经成为小米的编外员工，有血有肉的产品形象代言人。社群群员圈层如图6.4所示。

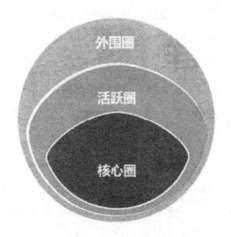

图 6.4 社群群员圈层

无独有偶，秋叶 PPT 也有一个核心群，群员总数量一直严格规定，不许超过 69 人，核心成员也稳定在 30 人，其他成员也是进进出出、不断更新，如图 6.5 所示。

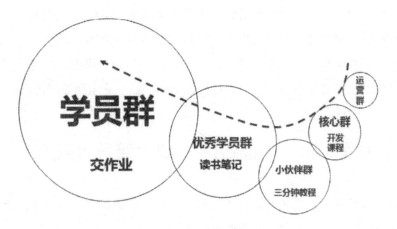

图 6.5　交流群

在核心群内部，大家经常互黑、自黑，这也是一种亚文化。和小米不同的是，秋叶 PPT 是一个小圈子，发烧友不是那么多，所以秋叶 PPT 核心群会整合大家的力量，在一段时间内集中资源帮助核心圈粉丝涨粉，建立个人品牌和影响力。

在 2011 年的时候，秋叶 PPT 核心圈微博粉丝在 1000 人以上的只有秋叶 1 个人，但是到了 2015 年，微博粉丝在 10 000 人以上的已经有 8 个人，粉丝在 3000 以上的已经超过了 30 人。

这些核心粉丝经常一起策划营销活动，在微博上玩接龙，在朋友圈玩互黑，每个人都参与课程开发，或者参与学员群管理，他们不仅仅是秋叶 PPT 系列课程的最佳代言人，也是我们的编外员工。这样，通过这 69 个群员，我们交叉覆盖影响了 30 万关注 PPT 的人群，并通过这些人群不断扩大口碑，也让每一个群员的影响力同步增长。

6.3.2　案例

2022 年 2 月 26 日，后秀(HOTSUIT)暴汗服官宣金晨为品牌代言人。广告片中，金晨身着全新升级的 904Pro 暴汗服，以酷飒的姿态，展现了"自己为美"行动的决心与毅力，完美演绎了后秀暴汗服品牌所倡导的突破精神。视频中，金晨如雕塑般的肌肉线条，与不惧他人眼光、极具力量感的女性气质，给观众留下了深刻印象。

这两年，金晨在各种综艺与影视剧中的亮眼表现引人注目，品牌代言也接踵而至。金晨此次携手后秀暴汗服，继续演绎对品质生活的极致追求。

随着健身热潮席卷全球，越来越多新中产女性拥抱积极、健康的生活方式。以金晨为代表的健康力量之美也成为新的潮流趋势。众所周知，金晨不仅是舞蹈演员出身，更是圈内有口皆碑的运动达人。此前，后秀经典款的 904 暴汗服就在她的私服中频频出现。此次，金晨与后秀暴汗服的合作，更像是老友间的惺惺相惜与双向奔赴。事业上，她不懈追求，生活中，她自律克己，与后秀暴汗服所要传达的突破精神不谋而合。因此，当 904 暴汗服全新升级至 904Pro，需要寻找一位代言人的时候，金晨便成为不二之选。

后秀暴汗服将突破精神融入每一次产品研发及用户体验升级中，后秀希望不论是运动小白还是运动达人，都能和后秀一起，更轻松、更愉悦地享受运动暴汗带来的成就感。

6.4 从"内部自嗨"到"跨界连接"

社群发展建设要由内部自嗨转向跨界连接。粉丝经济以消费者为主角，由消费者主导营销手段，从消费者的情感出发，企业借力使力，达到为品牌与偶像增值情绪资本的目的。社群经济的结构是多点之间的相互连接，强调的是凝聚力，缺失一个，并不能瓦解整个结构，这是一个可以自行运转的生态。

6.4.1 微信营销

当一个有凝聚力的社群建设成立后，就会形成传播的能量。比如"罗辑思维"可以号召粉丝一起去吃"霸王餐"，一起送月饼，一起买好书。

这种社群的口碑传播能量，自然会被有头脑的商家看重，他们希望其成为自己营销传播中的一环。这就决定了越是亚文化认同感强，越是小圈子活动度高，越是粉丝群规模量大的社群，越具有商业价值。

不过要实现这种商业价值输出，社群的运营者要考虑规划自己的社群连接器。连接并不能自动发生，除非你设计了让企业容易参与的连接器。

像小米这样的企业，是围绕产品构建社群的，所以小米的输出定位是让更多的粉丝通过他们的发布会、粉丝节、体验店感受到小米对用户的热爱，进而让用户自发成为产品口碑代言人。但对于"罗辑思维"这样缺乏明确产品的社群，就必须不断出策划，整合资源进行跨界营销。

秋叶 PPT 的社群玩法和上面两种有所不同。几种社群传播方式如图 6.6 所示。

秋叶团队认为不能标准化输出的活动，其组织成本会非常高，也会造成跨界连接价值难以量化衡量的问题，因此也就很难和商业化活动连接，社群运营也会缺乏持续经营的动力。所以，秋叶团队的做法是结合本社群爱阅读、爱思考、爱动手的小伙伴们设计 PPT 的特长，用创意作武器，我们搭建平台，让小伙伴参加 PPT 微设计大赛。

图 6.6 传播方式

像"群殴 PPT",每周提供一个 PPT 挑战题目,大家都来投稿,看看彼此的创意谁更出彩。一开始是秋叶团队去找题目,大家来互相 PK 创意,每一期的佳作在新浪微博话题的总阅读量都轻轻松松超过百万。然后慢慢让企业关注到这个活动,他们纷纷要求合作,他们提供自己的 PPT 素材,让网友来 PK,在 PK 过程中顺便完成了品牌传播。

微信营销案例:果乐乐宁帅豪,大学生微信卖水果

夏末秋初,正是瓜果集中上市的好时节。随着市民生活水平的提高,水果在绝大多数的家庭里已经不可或缺。过去,大家习惯在超市、菜市场、水果店购买水果。如今,在 O2O(线上到线下)商业模式的席卷下,"网店下单,在家收货"成为越来越多市民购买水果的首选。

北京某职业学院毕业的宁帅豪也和同伴一起加入到了"O2O 卖水果"的创业大军。他们创办的电商平台"果乐乐",通过网站和微信公众号接受订单,每天的营业额超过千元。与所有电子商务模式一样,宁帅豪的"果乐乐"也依赖风险投资的支持。在激烈的市场竞争中,这群羽翼未丰的大学生创业者也遇到了巨大的挑战。宁帅豪说,他们会尽全力坚持自己的梦想——把水果"卖"到纳斯达克。

选择高职,把中学的创业梦延续下去,"我不是一个传统意义上的好学生。"宁帅豪透露。他说自己从高中开始就"不务正业",涉足商业。那时候某品牌的智能手机还非常流行。不少中学生都渴望拥有一部手机,但又苦于囊中羞涩。宁帅豪瞅准商机,联系省城郑州的大批发商,批量进货,以远低于当地销售商的价格把手机卖给自己的同学,"挣了大约一万多块钱。"宁帅豪说,这是他人生的第一桶金。

2012 年,宁帅豪高考。他的分数足以上当地的三本院校,但他毫不犹豫地选择来北京读高职。"我当时就想得很清楚,要试着自己创业,上大学一定要去一线大城市,因为那里可以获得开阔的视野、第一手的商机。读高职可以获得更多实践的机会。"宁帅豪说。最终他被北京某职业学院录取。

大学三年，宁帅豪的能力得到了充分展现。大一时他创办了创业社团——大学生创业就业协会。三年间，该协会从一个人发展到两百多人，还作为北京唯一的专科院校代表参加了北京高校创业型组织峰会。带领着协会里的同学，宁帅豪把商业实践发挥得淋漓尽致。愚人节，他们组织了假面舞会，出售门票、酒水，所得收入又向学校的春季运动会赞助了1000瓶矿泉水，免费供同学饮用。该协会在全校名气飙升。

宁帅豪说，自己真正意义上的创业，得从一个名叫"北小财"的微信公众号说起。那是在2013年初，微信公众号刚刚开始流行。宁帅豪注册了一个公众号，命名为"北小财"，开始提供校内外商家的打折促销信息。"那应该是O2O的雏形。"宁帅豪说，公众号得到了同学的追捧，粉丝人数突破了1000人，"占到了我当时所在涿州校区全校人数的六成以上。"

这一年的暑假，宁帅豪和同学搬回了位于通州的校本部。陌生的周围环境让他起初颇不适应，不知道哪里可以聚餐、购物。这时他突然意识到商机来临，"我不知道同学也不知道，何不制作一个 App，打造一个吃喝玩乐的平台？"他很快找到了附近北京物资学院软件专业的学生，寻求技术上的支持。

一番讨论下来，对方给宁帅豪泼了一盆冷水。"做一个好的 App，前期投入的费用就得好几万，一旦定位不准，很容易血本无归。"宁帅豪说，这时他才意识到市面上那些五花八门的App，其实都是靠风险投资在支撑，"我也得找风投。"他暗下决心。

他给这个吃喝玩乐的平台做了详细的商业计划书，计划书将水果作为销售内容，"我最熟悉我的同学，水果对他们来说比粮食还重要，商机无限。"他们的方案很快获得了投资人的青睐。一位投资人给予了20万元的风险投资，另一位投资人则答应提供网站、微信公众号销售的技术支持。

2014年7月，宁帅豪和伙伴们创立北京创锐时光信息科技有限公司，并入驻中关村创业大厦。公司旗下建立了生鲜电商平台"果乐乐"，该平台基于网站、微信公众号，为用户提供鲜果当天下单、当天送达服务。

"果乐乐"最先进入的高校是对外经济贸易大学。宁帅豪找到了靠近学生宿舍楼的水果店，和老板谈判后商定：学生下单付账，平台向水果店派单，水果店送货至宿舍楼下，学生收货，水果店获得货款和提成。

这一模式的好处是送货时间飞快，通常学生下单后一个小时内就能收到水果。但问题也很快出现，由于水果是由水果店采购，"果乐乐"无法控制其品质和价格，一些反映水果质量的投诉开始出现。宁帅豪和伙伴意识到这一问题后立即对营销模式进行了纠正，改

第6章 社群的未来畅想

为自营采购、自主送货。这样一来,虽然学生客户的收货时间从一个小时延长为"当天内",但水果的品质大大提高。

宁帅豪说,为了保证水果有最低的价格、最优的品质,他和伙伴跑遍了丰台新发地、朝阳来广营等多家水果批发市场,"一样样品尝,从西瓜到榴莲,从苹果到杨桃,从捂着嘴吃完了吐到不行,最后吃出了经验。"他笑道。

在他们的努力下,"果乐乐"逐渐在高校站稳了脚跟。除了对外经济贸易大学,"果乐乐"还进入了中国农业大学、北京航空航天大学等高校,收到师生的普遍好评。生意最好时,平台每天收获超过300份订单,营业收入上千元。

"果乐乐"在高校的发展很快引来了竞争对手的关注。2014年下半年,各路风险投资人纷纷选择进入高校水果、零副食销售领域,一些App应运而生。宁帅豪坦言,与那些App相比,自己的资金实力完全不在一个档次,"我只有20万元的风投支持,对手的风投资金则是数百万甚至千万元。"

价格战很快打响。之前宁帅豪和伙伴们通过精耕市场,少量进货、快速销售,水果的平均价格能比水果店便宜20%到30%,但是"果乐乐"的竞争对手直接打出了"买一斤送一斤"的招牌,竞争最激烈时甚至是"买一斤送两斤"。"这样的价格战我们实在耗不起。"宁帅豪说,2014年下半年是他从高中有创业行动以来最艰难的一段时光。"每天晚上都睡不着,盘算着自己的资金还剩多少,还能撑多久。"他说。

除了深陷"价格战"。宁帅豪还发现自己的"果乐乐"品牌在被一家大型果蔬物流企业使用。"我之前已经申请了商标专利。"宁帅豪说,他曾经上门试图和这家企业的负责人进行沟通,但"财大气粗"的对方似乎并未把这个大学生创业团队放在眼里,"没见到具体负责的人,更别说老板了。"宁帅豪说。

为了节省成本,"果乐乐"在2015年年初关闭了校园送货点,改为专攻天通苑、北苑家园等大型居民社区,送货方式也从上门送货改为小区自提。"既保证了水果的新鲜,也减少了我们的物流成本。"宁帅豪说。

如今,他和创业伙伴们每天都会驾驶着一辆金杯面包车去批发市场进水果,然后根据互联网以及微信公众号上的订单情况进行送货。一有闲暇,他就会钻研市场行情的最新变化,及时判断和调整销售思路。"从去年下半年到现在,一大批百万元级别风投的水果销售项目都已经死了,我们还活着。"宁帅豪说。

他也坦言,现在明白了创业不是小打小闹,除了靠谱的创业项目之外,还必须具备极其强大的抗压能力、永不放弃的精神、缜密的分析判断能力、良好的团队支持,以及有一些好的运气,才有可能不断向前发展。

在创业之初,宁帅豪的梦想是把水果"卖"到美国的纳斯达克股市,现在他仍然说自己不忘初心。即使是重新回到起点，从一家小水果店起步，自己也会全力坚持走下去。他说，无论创业的过程如何的艰辛，无论项目最终能否走向纳斯达克，创业者永远都在痛中快乐前行。

6.4.2　QQ营销

大白兔奶糖诞生于中华人民共和国成立十周年之际。当年，大白兔奶糖是十周年的献礼产品。在物资匮乏的年代里，大白兔奶糖显得极其珍贵，是无数人童年最好的回忆。甚至在1972年，大白兔奶糖还被当作国礼赠给美国总统尼克松。

但随着时代的发展，现代食品的选择逐渐变多，大白兔奶糖也曾一度衰落。那么为什么如今关于大白兔奶糖的标志依旧随处可见呢？是因为老字号大白兔借助"国潮"换壳重生，摇身一变，变成了吸引年轻人的潮流品牌，如图6.7所示。

图6.7　大白兔奶糖

在2018年举办的"第十二届中华老字号博览会"上，大白兔奶糖第一次试水跨界营销，与国产品牌美加净进行合作推出美加净牌大白兔奶糖味润唇膏。虽然是大白兔奶糖的第一次试水，但这款唇膏受到了极大的欢迎，卖出了相当好的业绩，从此以后，大白兔开始了一条新的道路。

2019年5月，大白兔与气味图书馆携手，推出了快乐童年香氛系列产品，包括大白兔奶糖香水、沐浴露、身体乳、护手霜和车载香氛，还有大白兔奶糖帆布包，每一款都深受消费者的追捧。除了单纯的跨界联合，大白兔对时尚圈也"虎视眈眈"。2019年大白兔首次与服装品牌LEDIN携手，共同推出联名潮款，经典的"大白兔"形象跃然于模特身着的联名系列服装上。

大白兔可以说是一个实打实的老字号品牌，从创办开始已经走过了62年。虽说在许多人的心中,是如今的新兴品牌跨越不了的,但同时也意味着容易被新时代遗忘。如今,用户的饮食习惯正在逐渐改变,高糖不符合健康的生活方式,糖果市场持续低迷,这意味着大白兔这个老字号需要寻找一个品牌突破口。当然也正是因为大白兔是老字号的原因,其比新品牌更容易打造自身IP。

在如今这个时代,品牌营销想要获得消费者的注意必须要有新意。跨界营销的本质就是利用不同品牌之间的亮点制造话题,引发注意力和讨论,从而打破用户心中对品牌的固定认知。

6.5 从"口碑营销"到"用户主权"

中国商业在见证着历史性的转折。社会政策层更强调平等美好,消费人群也迸发出新力量:"用户主权"诞生,正在影响和改变行业格局。技术实现信息平权,人人随时表达、即时沟通、真实透明。随时在线改变了消费习惯,依靠广告营销出来的"外在价值"失效了。用户自发摸索品牌的"本质价值"。

6.5.1 用户主权

因为参加"罗辑思维·甲方闭嘴"的项目,秋叶PPT社群获得了和万达集团连接的机会,这是一个社群通过另一个社群连接的好故事。

万达希望通过推广活动告诉大家今天的万达是什么。传统的玩法是乙方出创意,甲方出资源推广,努力灌输团队想说的话。

秋叶团队说干吗只让甲方闭嘴,干脆乙方也闭嘴,让用户自己说,他们眼里的万达是什么?

秋叶团队把大量用户眼中的万达拼起来,不就是最好的万达品牌宣传吗?于是秋叶与万达团队一起策划了2015年一页纸PPT大赛。团队把活动通过秋叶PPT社群的微博、微信发布,鼓励每一个看到活动的小伙伴参与。为了激发小伙伴参与活动的积极性,团队把活动的门槛设置如下:①做一页或几页PPT;②写一条长微博;③做一个H5页面。

而且团队承诺只要动手就给奖品!奖品也是团队一贯提倡的阅读思考必备品——书籍。既然是万达集团的活动,那么送刚刚重登首富的万达集团王健林先生的《万达哲学》再好不过了。

活动开始后,在短短两天内,就收到超过60份投稿,活动主微博转发量超过500次,阅读量超过50万,话题阅读量超过100万,如图6.8所示。

让用户成为你的产品代言人

图 6.8　代言人

6.5.2　案例

搅局者元气森林(见图 6.9)，引发了这个夏天的货架战争。

元气森林诞生之时，面对的是可口可乐、百事可乐的快乐肥宅水数十年的统治："两乐"占据了 9 成以上的加气饮料市场。而 5 年后，元气森林凭借气泡水销售额冲到 29 亿元，让农夫山泉、可乐等巨头们"心虚"，开始从供应链、零售终端围剿元气森林。

图 6.9　元气森林

元气森林为什么能在一个巨头林立的赛道引发强震？其坚持的"用户第一"是核心因素。元气森林选择的天然甜味剂，价格是传统甜味剂的数十倍，从来不是行内玩家的主流选择。但新入局的元气森林，走了一条用户路径：聚焦能量低、口感好的创新产品。

年轻用户们"用脚投票"，使元气森林火遍大江南北。人们只看到元气森林的营销，却忽略了年轻人高复购率背后的原因是"好喝"，是年轻用户认可了这个品牌的新鲜

"元气"。

事实上，在日化、服饰、乳业等消费赛道，都出现过"元气森林现象"：新玩家抓住了新人群的崛起，搅动原本行业格局，也成为行业巨头们的"转折时刻"。

吃完火锅想要解辣又解腻，一定要试试元气森林的燃茶、气泡水，还有满分微气泡果汁系列。在同类型主打低卡的饮料中，能够做到更加好喝才是王道。

在过去的 2020 年里，元气森林的销售额累计将近 30 亿，其中气泡水的销售量在全行业占比超过了 70%。在 2021 年年初的年货节中，仅仅 20 天，元气森林就收获了销售额 7000 万元的好成绩。无可厚非地说，元气森林的气泡水和燃茶确实打开了行业市场，但元气森林并没有因此满足现状，而是继续致力于为消费者提供更多方位的需求。元气森林用心做优质产品，极有可能会再现一些又红又好喝的爆款系列。

乳茶也是元气森林的一款主打饮品，解决了想喝奶茶却怕胖的需求。品牌选用了天然放心的"赤藓糖醇"来代替行业内主流的代糖，不仅不产生热量，还能保证饮品的好口感。

多种口味的乳茶，在口感上绵密丝滑且醇厚。不同于市面上热量很高喝起来不健康的奶茶，乳茶低脂低糖的配方，让消费者喝起来健康无负担。另外，乳茶在包装上设计感十足，非常可爱且醒目，让人光是看着就很想喝。

除了陆续推出优质的新品外，元气森林之所以能够热度不减，原因在于品牌产品在互联网上的持续曝光。在很多可以分享和带货的渠道上，总是少不了元气森林的身影。好的品牌能够用心做产品，只有精准地定位品牌和产品调性，才能够带动起消费者分享和购买的欲望，这也是为何元气森林可以在新消费大浪潮中持续发热的原因。

6.6 社群不是 U 盘，而是一群人的路由器

社群是一个需要从社群结构、社群规则等方面共同解决的系统工程。许多人创建的社群根本不能成为一个社群，为什么这么说？因为从系统的角度来看，系统是由一组相互连接的元素组成的，它可以实现一个整体的目标。许多社群都有元素，但没有连接，更不用说目标了。

6.6.1 U 盘式生存

罗振宇曾在节目里提出一个论断，越来越多的人会选择"U 盘式生存"，他们脱离组织，依靠专业技能，在不同的领域跨界，和不同的组织连接，完成任务，进入下一阶段。

自带信息。作为一个优盘式生存的代表，自带信息是必备的，但是信息是瞬息万变的，

而优盘式生存，携带信息的更新频率肯定不如硬盘。硬盘一直连接到主机里面，只要电脑工作，它的信息就会更新，而优盘则是连接电脑时才会更新，其他闲置的时间，信息一成不变。在现今瞬息万变的世界，优盘式生存显然失去了它的优点。因为在这个世界，自带信息是不够的，还要保持信息的不断更新。

不装系统。优盘式生存的一大特点是不装系统，但系统是客观存在的，那么作为优盘，去匹配和兼容系统所消耗的能量是不是更多？在工作中，太多的公司需要稳定的人才，稳定的人才肯定熟知公司的一切运行规章。俗话说，没有规矩，不成方圆，那么作为规律的系统，在这个社会中还是非常重要的。

随时插拔。随时插拔对于优盘来说是非常好的，因为可以找到更多的主机去适配和交换更多的信息，但是对于公司来说是一种隐患，没有公司愿意聘用一个经常将自己在多个公司游荡的员工。优盘式生存也是这样，如果作为自由职业者来说还可以，但是如果是体制内或者说大公司的一分子，那么最好还是不要频繁地"插拔"。

自由协作。自由协作可以说是优盘式生存最大的好处，但前提是你在某一行业非常精通，否则作为自由协作的自由职业者可能拿到的薪酬还不如硬盘式员工。俗话说得好，闻道有先后，术业有专攻，精通某一行业的人会创办公司并且成为CEO，也就是主机中最重要的CPU，显然这并不是优盘式生存。只有那些比上不足，比下有余的人才会崇尚自由协作。

优盘式生存的优点是很多，但是作为人生的终极目标来说，只会优盘式生存是远远不够的。

6.6.2 U盘化生存

专业人可以不依赖组织生存，打造自己的网络个人品牌，让自己的技能拥有更多的买家。

我们认为在成为一个"U盘人"之前，你最好在某个组织先成为"硬盘人"，充分修炼你的专业技能。等你有一天可以脱离组织作"U盘化生存"的手艺人时，就一定有需求找到像你一样的手艺人，抱团生存，扩大影响力，避免个体的风险。但是你又不愿意回到原来的组织体系里生存，怎么办？

在"U盘化生存"里最优秀的资源整合型人才会把情投意合的"U盘人"组织起来，变成社群。到了这个阶段，社群就变成了某个领域的"路由器"，要找到这群"U盘人"，你就必须通过社群与他们连接，如图6.10所示。

图 6.10　社群路由器

6.7　社群不是趋势，而是现实

对于商家而言，建立社群必须有线下门店流量支持，有以前的用户基础，建群就不难，难的是如何把社群运营和产品连接起来。作为商家，主动建群，积极卖货是社群变现的最直接方法。

6.7.1　社群趋势

对于很多企业而言，社群经济、社群营销、社群生态都是新名词。对于一些尝到把粉丝连结成有共同价值观的社群的企业，社群的力量是巨大的。

罗××敢做××手机，绝不因为他仅仅是手机发烧友，而是他看到粉丝的能量。

举一个例子，罗××在告别演讲上专门感谢了为他制作 PPT 的许老师，结果许老师的××课程购买人数因为这个视频里的一句话增加了超过 6000 人。

罗××的××手机发布后，各地粉丝自发连结，搭建各种群，××成为他们内心某种情结的暗号。

在发布××手机之前，罗××也模仿某米先发布操作系统建立社群，建立××论坛积累忠诚粉丝。但遗憾的是，由于××手机发布过程中对供应链整合能力不足，导致××手机最终没有成为真正的爆款产品。但是罗××和他们的忠诚粉丝的能量，已经让很多手机企业出了一身汗。

这个趋势已经被很多明星关注到，他们开始一步步把成熟的粉丝经济社群化，让自己的明星代言价值和粉丝一起形成共振效应，从而获得更高的商业宣传价值。

对于企业，已经不是要不要建设社群的问题，而是如何做才能让自己企业的社群运营真正和产品、用户连结起来的问题。从这个意思上讲，社群营销的挑战，对绝大部分企业，还是一片陌生的处女地。

6.7.2 构建方式

首先根据产品特性来确定你的产品适不适合做社群。如果你的产品适合做社群，就先把潜在用户引流到社群里，通过一些活动运营，推出自己的产品。我们知道网购是最容易冲动的消费，其实在社群里也一样，社群有一种效应叫"羊群效应"，如图 6.11 所示，利用的就是人们的从众心理来购买产品。同样人们也有一种倦怠心理，如果过了那个冲动期或者感动期，一般就很难再对产品产生消费的兴趣。

图 6.11 羊群效应

我们在做运营的时候会强调用心服务社群成员，持续输出价值是留存用户的关键，但在这点上一定不要忘了适度推广，产品销售是需要人积极进行导购才能提高转化率的。其实当社群成员与商家在产生消费连接后，反而会让大家产生更多的话题与互动，从而延长社群的生命力。

商家建立社群有这样两种情况：先做社群，再推产品。这种社群运营就是先建群，建很多个群，成员有五十、上百的群一抓一把，等建完群后再慢慢推广。这种社群收益当然会有，但成本和风险也大。它要求社群一定要有能够让用户留存的理由，还要进行精心的维护和引导，才可能进行转化，不然就是白费精力。

然而社群一般经过 3 个月后便会遇到沉寂瓶颈，我们需要在短期内把引流进来的人变成真正的用户，再通过消费连接吸引他们持续关注，最终变成忠实用户，但做到这一点的社群少之又少。

先做产品，再做社群。这种社群是围绕产品/服务吸引用户来构建的，也是商家较为常见的建群方式。在社群里培养群成员的消费习惯，使其能够产生购买—重复购买—裂变。能够做到这一点的社群，生命周期一般都不会太短。

除了主动建群的社群变现模式，有些商家还会采取打入别人社群，适时推广的方式。当商家处于创业初期，还没有什么用户积累的时候，加到选定的社群里，通过适当的话题互动，先建立一个好的印象，再通过互相交流，适时引入产品，得到认可后，再将目标用户导流到自己的私域中去。

这里要注意的是，你加入的应该是和你的产品目标人群基本一致的社群。

比如你在小区边上开了个特色餐馆，那么你选择加入的社群就应该是小区周边的宝妈社群、小区社群等。在这种社群里跟其他社群成员积极互动，刷存在感，成为别人的好友，逐步让社群里的人有机会品尝到你的特色菜，认可你的口感和特色，自然他们就会在群里帮你推荐。

这样虽然人在社群，但基本不用自己花什么成本和精力去运营维护社群，只要和社群成员搞好关系就可以。当然也不能忽略群主的权益，目标人群既要高度一致，又不能是同类产品，这样群主才能容得下你的存在。

社群能量也是分等级的，现在很多领域的网红影响力都很大，如果你的产品和社群可以请来他们给你助阵，那么你就会吸引他的粉丝团来消费你的产品。这虽然是一条捷径，但需要很大的投入。

总体来说，在社群里推荐的产品，一定要是大家真正需要的好产品，且真正做到让利给群成员，这样才会得到社群成员的更多认同。当形成多次消费服务关系后，商家和用户才会建立更长期的连接，从而延长社群的生命周期。所以不管怎么建群，建什么样的群，好产品才是关键。

6.7.3　社群未来

社群的表现形式有很多，例如 QQ 群、微信群、微博群、抖音群等，但社群一定要具有极为明显的社交属性，否则对于社群的维护将极为不便。

比如，小明建立了一个班级群，加入群里面的人自然是这个班级里的学生，他们都有一个共同的属性——同班。班级群的用途,无非是让老同学维护好同学友谊、增加同学感情的功能。但要让同学群产生一定的消费价值,就很难,因为可选择的产品和可持续性都非常窄,因为,这种群缺乏了一个重要的属性——营销属性。

"有人的地方就有江湖",营销也是如此。有人的地方就有营销,而有同一类人的地方,就能更好地营销,如图 6.12 所示。

图 6.12 社群链接

同一个标签的社群,为我们做营销提供了一个非常好的载体。我们只需要根据这个社群的标签,分析出用户的真正需求,投其所好,就能够为营销带来非常好的效果,而这正好可以解决目前营销遇到的转化难、裂变难等困境。

社群,并不一定只以群的形式体现,也可以是线上的论坛、贴吧,还可以是线下的协会、社区等,只要里面的用户具有同一个明显的标签,就可以称之为社群,都可以用社群营销的方式来维护和运营,如图 6.13 所示。

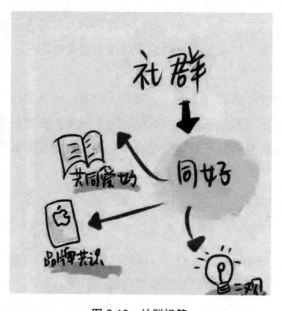

图 6.13 社群标签

第 6 章 社群的未来畅想

早在多年前，猫扑论坛就为"七喜"建立过一个专门的品牌Club(俱乐部，社团)。这个特定的Club将喜爱七喜的人聚集到了一起。在这个Club里，不仅第一时间给这群七喜爱好者推送有关七喜的最新资讯，也特意制作了一套关于七喜的动漫，来彰显Club成员的"尊贵"。这不仅让七喜通过Club打造和维护出一批黏度极大的活跃用户，还为七喜在口碑的传输和打造上奠定了极为重要的一步，这是七喜能够在竞争激烈的市场里立足的重要的原因，与之类似的还有星巴克。

说星巴克的成功得益于社群，很多人都不赞同。毕竟，星巴克创立于1987年，那时候无论国内外的互联网技术都还不发达，更不用说社群的理念。但事实并非如此，星巴克的成功是社群运营的重要成功案例。

1987年，星巴克的主人鲍德温和波克决定卖掉星巴克公司在西雅图的店面及烘焙厂，这一消息被霍华舒兹知道了，这名拥有敏锐的市场洞察力的商人，很快就决定将星巴克买下，同时还把自己在1985年就创立的每日咖啡公司与星巴克整合，成立"星巴克企业"。

但星巴克企业成立后，并未守着星巴克固有的老资本，而是在营销的领域开创了先河。首先，星巴克在Twitter、Instagram、Goggle+、Facebook等诸多互联网平台打信息流广告，几乎这些平台的绝大部分地方都能够看到星巴克的身影。同时，星巴克还在这些平台上通过社群营销的玩法，找到了属于自己的精准人群，为下一步营销作出了极为重要的铺垫。

在各大平台都拥有自己的身影后，星巴克作出了以下几个重要的决策(参见图6.14)，让星巴克的市场占有率发生了非常大的变化。

图 6.14 决策

第一，根据精准用户的定位以及人群的分析，推出FacebookApp，顾客可以在这个App上得到星巴克新品资讯、优惠福利等，与此同时，在Twitter、Instagram等平台的引流推广并未停息。

第二，充分利用热点以及主题来结合自己的产品，在各大主流媒体发布推广，既增加了自己的品牌的传播度，还深化了品牌在市场的根基。比如，美国曾遇到过一次罕见的暴风雪，名为"尼莫"，星巴克在这个主题上，输出了一个在寒冬中握着热咖啡的广告，如图 6.15 所示。这一广告不仅切合了主题，也迎来了粉丝的好感。

图 6.15 星巴克广告

第三，与知名品牌商联合做活动。星巴克的活动，最为成功的莫过于慈善了，与 Foursquare 合作的慈善活动，直接让星巴克从一个企业上升到关注国民、体谅消费者的高度。

这也造就了目前星巴克在美洲、欧洲等地开了 6000 多家店，平均每周全球有 1 亿人口喝过星巴克咖啡的盛举。

综上所述，要分享给大家的有以下两点。

第一，社群并非只是一个简单的群或者社区，这个群或者社区里的成员，必须要具有一个共同的标签，如共同的兴趣、爱好、认知和价值观等。

第二，社群营销一定要基于同一标签下的用户需求去做。脱离了用户的社群营销注定不会取得成功，只有去中心化、兴趣化、特征化的社群营销，才能在激烈的互联网营销市场里拥有一席之地。

现在的互联网市场，已经从以前的散兵游勇的形态逐渐往"部落"的形态转移，一个群，就是一个部落。拥有自己的部落，既可以让自己在互联网营销市场抢占先机，这也是企业和创业者成功的重要基石！

本 章 小 结

通过前几章的学习，了解到了社群营销的基本知识，如果在现有基础上继续发挥社群强大的营销能力，本章主要从"强关系"到"弱关系"、"内部活动"到"共同价值"、从粉丝到产品代言人、"内部自嗨"到"跨界连接"、"口碑营销"到"用户主权"等方面进行介绍，让大家认识到社群不是趋势，而是现实。

相关法律法规

《中华人民共和国网络安全法》总则第三条规定：国家坚持网络安全与信息化发展并重，遵循积极利用、科学发展、依法管理、确保安全的方针，推进网络基础设施建设和互联互通，鼓励网络技术创新和应用，支持培养网络安全人才，建立健全网络安全保障体系，提高网络安全保护能力。

第四条规定：国家制定并不断完善网络安全战略，明确保障网络安全的基本要求和主要目标，提出重点领域的网络安全政策、工作任务和措施。

思 考 题

1. 简述跨界连接方法。
2. 如何做到用户主权？
3. 简述社群发展趋势。

附录 A

思考题参考答案

第1章

1. 答：沃斯利(Worsley)曾提出社群的广泛涵义:可被解释为地区性的社区，用来表示一个有相互关系的网络。社群可以是一种特殊的社会关系，包含社群精神(community spirit)或社群情感(community feeling)。

2. 答：一个好的社群应当包含 5 个要素，分别是同好、结构、输出、运营、复制。

3. 答：社区是共同居住在一个地方或一个环境里的人与物之间的链接，着重的是物理空间的链接。社群是在强调人，社群更能把人不分时间、空间的聚合连接在一起。社群里每个人都是一个中心，大家都可以利用碎片化的时间和资源做同一件事情。与社区相比，社群更突出群体交流，分工协作和相近兴趣，更强调群体和个体之间的交互关系。社群内部的成员有一致的行为规范，通过持续的互动，形成了较为强烈的社群感情和价值观。

4. 答：粉丝经济以情绪资本为核心，以粉丝社区为营销手段，增值情绪资本。粉丝经济以消费者为主角，由消费者主导营销手段，从消费者的情感出发，企业借力使力，达到为品牌与偶像增值情绪资本的目的。社群经济的结构是多点之间的相互连接,强调的是凝聚力，缺失一个，并不能瓦解整个结构，这是一个可以自行运转的生态集群。

5. 答：首先粉丝经济是建立在用户对品牌的信任基础之上，由品牌决策，用户为品牌买单。其次社群经济是由一定数量的用户组成一种共同体——社群，依据社群规则，通过社群的商业活动，为社群内的用户牟利。

第2章

1. 答："十点读书"是社群。

2. 答：十点读书利用社群占领原创内容创作新高峰，从私域流量到成长为共同体，建立 IP 的用户基石，触达阅读、写作、理财、视频等多个领域。

3. 答：十点读书利用不同平台（微博、微信、电台、微社区以及线下活动）不定期开展各种活动，增强群员的参与感。

第3章

1. 答：小红书的受众全体为消费能力较强的人群、学生群体、妈妈群体、女性群体等。

2. 答：小红书的用户量上亿。

3. 答：小红书目前的用户规模非常庞大，尤其是在年轻女性和高收入群体中颇具影响力。

4. 答：小红书主要运营特点包括个性化、社交化、内容为王、社区氛围等。

5. 答：小红书支持文件共享。

6. 答：小红书是环形结构。

第 4 章

1. 答：炸鱼形式的社群运营管理模式，比如常见的微信、淘宝客推广群，运营者以极其低成本的方式迅速建立起一个群，然后便开始对群内狂轰乱炸。这种运营的方式导致的直接结果就是，用户不甘受其泛滥信息的烦扰，好一点的直接屏蔽群消息，坏一点的便直接退群。

而以兴趣为主题，辅以产品的推广，相对于炸鱼式运营，这种方式便温和了许多。现在大部分的社群基本都以这种方式运营，表面上是为兴趣或者行业爱好所建立起一个社群，供同频、同业者交流讨论，实则是为自己的品牌或产品做推广伏笔。

2. 答：均为社群，均为外部群。

3. 答：需要一个有能量的外部社群。

第 5 章

1. 答：社群里有领袖和去中心化并不矛盾，社群中的"头狼"不一定总是固定的一个人，经常是这个事你主导、那个事我主导、其余人配合。"头狼"的角色谁都可以担当，谁都可以带头发起一次"突袭战"。

2. 答："蚂蚁战术"相对上一种"头狼战术"最大的区别在于，每一个人的能量可能不大，但是数量巨大，聚合起来还是一股很强的力量。

3. 答：社群如果能够经常通过完成某种任务使群员得到回报的机会，这样的群通常还是很稳固的，而且管理员也用不着非得找话题、做活动，发布任务就是大家最喜闻乐见的活动，所以维护管理的成本也不会太高。

4. 答："重赏之下，必有参与"，但"重赏"仅有奖品是不够的，要真正激发社群的活力，更重要的是奖品下有诱惑力的活动设计。

5. 答："诱饵战术"是通过有价值的载体在社群内引起关注，进而诱导购买的方法。在话题诱发出大家兴趣的情况下，才能推出你的"干货"内容，在人群中借助群体兴奋度完成这种导购效率会非常高。

6. 答："定点战术"针对社群行动，需要找到社群的所在地、熟悉社群结构、了解社群偏好，并从社群成员的心理和行为入手。

7. 答：社群是一个需要从社群结构、社群规则等方面共同解决的系统工程。许多人创建的社群根本不能成为一个社群,为什么?因为从系统的角度来看,系统是由一组相互连接的元素组成的,可以实现一个目标的整体。

第6章

1. 答:品牌营销想要获得消费者的注意必须要有新意;跨界营销的本质就是利用不同品牌之间的"化学反应"制造话题,引发注意力和讨论,能够打破用户心中对品牌的固定认知。

2. 答:好的品牌能够用心做产品,能精准地定位品牌和产品调性,能够带动起消费者分享和购买的欲望。

3. 答:第一,社群并非只是一个简单的群或者社区,这个群或者社区里的成员必须要具有一个共同的标签,如共同的兴趣、爱好、认知和价值观等。第二,社群营销一定要基于同一标签下的用户需求去做,脱离了用户的社群营销注定不会取得成功,只有去中心化、兴趣化、特征化的社群营销,才能在激烈的互联网营销市场里拥有一席之地。

参 考 文 献

[1] 徐远重. 社群经济[M]. 北京：中信出版社，2015.
[2] 徐志斌. 社交红利 2.0[M]. 北京：中信出版社，2015.
[3] 勒庞. 乌合之众——大众心理研究[M]. 冯克利，译. 桂林：广西师范大学出版社，2011.
[4] 沃格. 社群运营的艺术[M]. 穆婷婷，译. 北京：华夏出版社，2017.
[5] 徐志斌. 小群效应[M]. 北京：中信出版社，2017.
[6] 唐兴通. 引爆社群[M]. 北京：机械工业出版社，2015.
[7] 仇勇. 新媒体革命——在线时代的媒体、公关与传播[M]. 北京：电子工业出版社，2016.
[8] 舍基. 人人时代[M]. 胡泳，沈满琳，译. 北京：中国人民大学出版社，2012.
[9] 黄有璨. 运营之光：我的互联网运营方法论与自白 2.0[M]. 北京：电子工业出版社，2018.
[10] 李善友. 产品型社群[M]. 北京：电子工业出版社，2015.